EXPOSITION UNIVERSELLE DE PARIS 1889

SECTION BELGE

Groupe XI — Économie sociale

SECTION IV

APPRENTISSAGE

Rapport présenté par M. BOUVY

INDUSTRIEL A LIÉGE

BRUXELLES

P. WEISSENBRUCH, IMPRIMEUR DU ROI

45, RUE DU POINÇON, 45

1889

EXPOSITION UNIVERSELLE DE PARIS 1889

ÉCONOMIE SOCIALE

SECTION IV

APPRENTISSAGE

Rapport présenté par M. Alex. BOUVY

BRUXELLES

P. WEISSENBRUCH, IMPRIMEUR DU ROI

45, RUE DU POINÇON, 45

1889

HISTORIQUE ET SITUATION GÉNÉRALE.

L'apprentissage sous toutes ses formes, à l'atelier et à l'école, dans les cours techniques et dans les écoles professionnelles, dans les écoles ménagères et dans les patronages, est un des problèmes qui préoccupent vivement ceux qui en Belgique s'intéressent aux questions sociales. Car son développement est pour la classe ouvrière comme pour l'industrie d'une nécessité absolue.

Lors de l'enquête du travail en 1887, patrons et ouvriers déclaraient que l'apprentissage était défectueux, et que l'enseignement professionnel était indispensable. Sur ce point l'accord était complet. Aussi, sous l'empire des plaintes formulées lors de cette enquête, et sous la pression de la concurrence industrielle toujours plus ardente, s'est-il produit un mouvement qui pousse à la diffusion de l'enseignement professionnel, et qui modifiera l'apprentissage.

Établir la situation de l'apprentissage en Belgique pendant cette période transitoire, au moment où cette transformation s'opère, est donc chose malaisée.

Le moment est mal choisi pour dresser un tableau qui bientôt sera incomplet et inexact.

Des écoles strictement professionnelles sont en formation, des cours techniques s'annexent à ceux des écoles industrielles existantes, l'enseignement prend un caractère plus professionnel et plus directement adapté aux métiers qui sont exercés dans la commune.

L'élan est donné, et avant peu d'années des écoles pour la plupart des professions seront fondées, partout des cours professionnels seront ouverts; les jeunes apprentis et les futurs patrons trouveront aisément les moyens de connaitre théoriquement et pratiquement leur état, de faire un apprentissage réel et complet.

Cette instruction professionnelle régulière à l'école est devenue indispensable. Car l'initiative du patron, auquel on avait laissé le soin de former l'apprenti, s'est trouvée en défaut, et c'est en vain que l'on voudrait présenter une réponse satisfaisante au chapitre I du questionnaire : *L'apprentissage à l'atelier*, et tout particulièrement au § 51 : *Les méthodes d'apprentissage à l'atelier*; et au § 52 : *Sur les résultats de l'apprentissage à l'atelier.*

L'apprentissage régulier par contrat à l'atelier n'existe pas; à peine quelques rares patrons, lors de l'enquête du travail, sont-ils venus déclarer qu'ils s'efforçaient de former les apprentis dont ils avaient besoin.

À cette question qu'adressa la Commission d'enquête du travail aux administrations communales et aux chefs d'industrie :

« L'apprentissage est-il dans votre localité organisé dans l'atelier? »

Quelques usines de la grande industrie et de la filature purent seules répondre affirmativement.

La Société anonyme de Marcinelle et Couillet, à Couillet, répondit :

« L'apprentissage se fait naturellement à la division de nos ateliers de construction. Les jeunes gens que nous y admettons à partir de quatorze ans reçoivent des contre-maîtres et des chefs de brigade l'enseignement nécessaire, et ils sont rétribués suivant leurs aptitudes, leur intelligence et leur bonne volonté. »

MM. Carels frères, constructeurs à Gand, répondirent :

« Nous avons organisé l'apprentissage dans nos ateliers pour former des tourneurs, ajusteurs, modeleurs et mouleurs, mais sans contrats d'apprentissage et sans conditions spéciales. »

M. Lienar donna sur l'industrie de Termonde la réponse suivante :

« L'apprentissage est organisé de manière à développer les aptitudes de l'enfant. »

La Florida et la Louisiane à Gand, MM. Parmentier, Van Hoegarden et Cie à Bruxelles, la Dinantaise et Albert Oudin à Dinant, Simonis et Hauzeur Gérard à Verviers, répondirent pour la filature, le tissage et la fabrique de draps :

« L'apprentissage dans nos ateliers est aisé. Les apprentis sont rapidement initiés à leur travail; un mois ou deux suffisent pour les mettre au courant, et de suite ils sont rétribués. »

En résumé, la grande industrie seule, qui comprend le fer, la houille, l'acier, la construction, avait pu, par quelques-uns de ses membres, répondre à la question posée. Elle a, d'ailleurs, en général à ses portes une école industrielle, où les meilleurs de ses ouvriers vont s'instruire et recevoir l'enseignement théorique de la mécanique et de l'exploitation des mines. Ces écoles sont favorisées par les industriels dont les ouvriers fréquentent les cours du soir et du dimanche; ils y recrutent leurs contre-maîtres et leurs ouvriers d'élite.

Pour le tissage et la filature, les ateliers d'apprentissage des Flandres forment les ouvriers spéciaux, et des cours de tissage et de filature sont annexés aux écoles industrielles de Gand, de Courtrai et de Saint-Nicolas, centres principaux de production. Les ouvriers ordinaires sont formés à l'usine, et il suffit d'un laps de temps peu considérable pour les dresser à leur travail. A part donc quelques rares industries privilégiées, l'apprentissage n'est pas organisé à l'atelier.

Les jeunes ouvriers et les apprentis ne reçoivent de leçons que suivant le hasard des circonstances, par essais irréguliers et sans suite, lorsque les ouvriers ou le patron veulent se prêter à les instruire.

Nulle part, ni dans la grande, ni dans la petite industrie, ils ne sont assujettis à des conditions d'admission. Le contrat d'apprentissage n'est pas en usage en Belgique.

Ce n'est donc pas à l'atelier que nous devons trouver les moyens de répondre à l'enquête, mais aux cours techniques des écoles industrielles et des écoles professionnelles.

Jusque dans ces dernières années, on avait considéré comme étant du domaine privé et non d'intérêt général cette question de l'apprentissage. On laissait aux patrons le soin de la résoudre.

On a vu que l'on faisait fausse route, qu'il était d'intérêt général que l'apprentissage fût organisé et fût aidé par les pouvoirs publics, on a vu que cette organisation et cette aide étaient une nécessité sociale et industrielle, et qu'il était insuffisant de développer uniquement l'enseignement littéraire et scientifique.

Cependant il ne s'ensuit pas que l'on se soit désintéressé de l'apprentissage.

Nous donnons, d'après le rapport de M. de Ridder, professeur à l'université de Gand, rapport dressé à la demande de la Commission d'enquête scolaire, un rapide exposé historique de ce qui a été fait.

Dès 1806, l'article 3 de la loi du 3 avril, sous la République batave, recommande aux administrations communales et départementales d'ériger des écoles d'industrie auprès des écoles publiques.

A Gand, on décrète la même année un atelier de travail pour indigents, atelier qui ne fut organisé qu'en 1817.

Bien que les ateliers de ce genre que l'on créa étaient plutôt des ateliers de charité, où l'on voulait substituer le salaire à l'aumône, que de véritables écoles professionnelles; néanmoins, il s'y trouvait en germe la formation de nos écoles professionnelles.

En 1835, le gouverneur de la Flandre orientale, ému par la situation pénible où végétait une partie de la population, publie une circulaire où il engage les administrations communales à créer des écoles-ateliers.

C'est à cette époque, de 1830 à 1840, qu'une crise terrible sévit dans les provinces flamandes.

L'industrie vitale des Flandres, la filature et le tissage à domicile, était battue en brèche par la création de grandes manufactures employant des machines nouvelles et appliquant, avec tous ses avantages, la division du travail.

La plus grande partie de la population, qui ne vivait que de la filature et du tissage à domicile, ne pouvait continuer à lutter, et se trouvait sans moyens d'existence.

En 1840, le gouvernement ordonne une enquête sur cet état de choses, et la Commission trouve que l'un des remèdes est l'établissement d'écoles professionnelles; ce remède était le seul utile et praticable.

On créa d'abord douze ateliers d'apprentissage.

C'était donc déjà, à cette époque, aux écoles professionnelles que l'on demandait le moyen de tirer de la crise industrielle les ouvriers des Flandres. On en établit d'autres par la suite, suivant les nécessités.

La loi du 23 septembre 1842, article 25, disait : « Une partie du subside voté annuellement par la législature, aura pour destination de propager les écoles d'apprentissage et les ateliers de charité. »

À la suite de cette loi, plus de soixante ateliers d'apprentissage furent établis dans les centres populeux pour initier les tisserands ruraux à l'usage des métiers perfectionnés et leur permettre de lutter contre la grande industrie.

Ces écoles sauvèrent, dit M. de Ridder (p. 5, rapport à la Commission d'enquête), par la propagation des méthodes nouvelles, les 350,000 tisserands et fileuses du désastre qui les menaçait.

Un arrêté organique du 26 janvier 1847 vint établir des dispositions générales applicables à des créations nouvelles, et essaya d'étendre les ateliers d'apprentissage à d'autres industries.

Dans son article 1er, il dit :

« Indépendamment des écoles manufacturières ou ateliers d'apprentissage
« institués près des écoles primaires en conformité de l'article 25 de la loi du
« 23 septembre 1842, il sera établi, en faveur des jeunes gens plus âgés et des
« adultes, des ateliers d'apprentissage et de perfectionnement, destinés à former
« de bons ouvriers », et l'arrêté du 10 février 1861 vint, à son tour, faire de ces ateliers des établissements publics et leur donner ainsi un caractère plus déterminé d'utilité reconnue.

Malheureusement, les intentions du législateur demeurèrent sans résultat, et les ateliers d'apprentissage ne s'étendirent à aucune autre industrie qu'à celle du tissage.

C'était cependant l'école professionnelle établie dans son but le plus direct : « la formation de bons ouvriers ».

Malgré les dispositions favorables de cette loi, en dehors des écoles de tissage il ne se fonda donc, avec le caractère professionnel et technique que la loi indiquait, que quelques rares écoles, et encore dans des circonstances toutes spéciales.

Tous les efforts des pouvoirs publics s'étaient tournés vers l'enseignement théorique dans les écoles industrielles et les académies.

Dans cet ordre d'idées on fit beaucoup, et trente-cinq écoles industrielles ont été fondées en Belgique.

En 1884, la dépense totale de ces écoles s'est élevée à 566,282 francs, et la population scolaire à 10,700 élèves.

Leur population actuelle est de 12,210 ; et les sommes dépensées se montent à 625,119 francs.

« Donner à l'ouvrier, disait dans le rapport présenté à la Chambre des repré-
« sentants en 1885, par le ministre de l'agriculture, de l'industrie et des travaux
« publics (p. 3), une instruction scientifique qu'il ne peut acquérir dans l'atelier,
« développer son intelligence en l'initiant à la connaissance des lois générales
« qui président aux transformations de la matière, afin de le soustraire graduelle-
« ment à la tyrannie de la routine, et lui procurer ainsi les moyens d'aug-
« menter la valeur économique de son travail et d'améliorer sa position matérielle,
« voilà le but de l'école industrielle. »

On se bornait donc à fournir à l'ouvrier, au contre-maître, au patron, l'instruction scientifique générale.

On craignait d'aborder la question compliquée et difficile de l'enseignement professionnel lui-même.

Avant 1884, en dehors des ateliers d'apprentissage des Flandres, qui avaient été créés pour l'industrie spéciale du tissage et sous l'influence des circonstances exceptionnelles et désastreuses dans lesquelles se trouvaient les Flandres, les seules écoles véritablement professionnelles existant en Belgique étaient l'école de Tournai avec ateliers de menuisiers, de chaudronniers et de mécaniciens, et l'école des tailleurs de Bruxelles.

Quelques écoles industrielles avaient annexé des cours techniques à leur enseignement, comme le cours de tissage à Gand, celui d'exploitation des mines à

Charleroi, à Jumet et à Houdeng, de construction navale à Ostende, de modelage et de coupe des pierres à Soignies, etc., etc.

Mais, d'une manière générale, l'État laissait aux patrons et aux parents le soin d'instruire l'apprenti dans la partie manuelle de son état, et il portait ses efforts, ses encouragements et ses subsides vers l'enseignement scientifique élémentaire des écoles industrielles. Il considérait comme insurmontables les difficultés qui entourent l'enseignement des métiers, et n'encourageait que les écoles où l'ouvrier peut recevoir l'instruction scientifique élémentaire qui développera son intelligence et fera de lui un ouvrier supérieur, un futur contre-maître, c'est à-dire les écoles industrielles.

Le rapport présenté en 1885 sur la situation de l'enseignement industriel et professionnel reflète exactement ces tendances. Les difficultés que les écoles professionnelles entrainent y sont énumérées longuement. « C'est au patron, dit le rapport, c'est à l'initiative privée qu'incombe la mission d'organiser l'apprentissage. »

Sous l'empire de ces idées on a fondé dans tous les centres populeux des écoles industrielles qui ont atteint un développement complet que nous admirons aujourd'hui.

Pas de localité importante qui n'ait son école industrielle.

Mais depuis lors un courant nouveau s'est formé. En 1887, les Chambres ont mis à la disposition du ministre de l'agriculture, de l'industrie et des travaux publics une somme de 200,000 francs pour subsidier l'enseignement professionnel.

Le gouvernement a subsidié :

L'école de brasserie, à Gand ;

L'école des tailleurs, à Liége ;

L'école de typographie, à Bruxelles ;

L'école d'horlogerie, à Bruxelles ;

L'école pour le travail du bois et du fer, à Gand ;

L'école des tailleurs, à Bruxelles.

Le subside qui est alloué à cette dernière école, lui avait été refusé en 1883.

D'autre part, le programme de plusieurs écoles industrielles a été modifié, et ces écoles ont reçu un caractère plus professionnel :

Entre autres, un cours de meunerie a été ouvert à Louvain ;

Un cours d'armurerie, à Liége ;

Un cours de peinture industrielle, à Louvain ;

Un cours de manipulations chimiques, à Charleroi.

Le gouvernement subsidie les écoles de Saint-Luc de Gand, de Schaerbeek et de Tournai.

D'autres cours techniques sont en projet et de nouvelles écoles professionnelles à l'étude.

Les subsides et l'aide de l'État sont offerts à toute école professionnelle viable.

L'État ne veut pas créer par lui-même les écoles professionnelles; il laisse ce devoir aux communes et aux associations de patrons et d'ouvriers. A eux de présider à la formation de l'école professionnelle dont la nécessité existe, à eux de la diriger quand elle a été fondée. Que l'utilité de l'école professionnelle soit démontrée et que la possibilité de se soutenir et de rendre des services soit établie, et le secours de l'État lui est assuré.

Le mouvement vers l'enseignement professionnel est tel, que la section centrale de la Chambre des représentants, examinant cette année le budget du ministère de l'agriculture, de l'industrie et des travaux publics, estime que l'État pourrait stimuler davantage encore le développement de l'enseignement professionnel et élargir sa part d'intervention.

L'initiative privée n'est pas restée étrangère à ce mouvement. On a fondé à Bruxelles l'Œuvre des écoles professionnelles, pour aider à cette vulgarisation de l'enseignement professionnel, et c'est grâce à l'Œuvre que l'école d'horlogerie a été installée.

Une question de cette importance, à laquelle l'ouvrier est si directement intéressé, ne pouvait non plus manquer de faire l'objet des débats de la Commission du travail, instituée après les troubles de mars de 1886.

Le comte Adrien d'Oultremont, député de Bruxelles, a été chargé du rapport sur cette question. Dans ce rapport il montre la nécessité de l'enseignement professionnel, les efforts de tous les pays pour l'organiser chez eux, et il demande à l'initiative privée, réglée et dirigée dans une puissante association, de créer les écoles professionnelles nécessaires.

En séance plénière, après discussion, la Commission du travail a adopté les conclusions suivantes :

I. — Il y a lieu, pour les pouvoirs publics, d'encourager la création d'écoles professionnelles, en annexant aux académies et aux écoles industrielles des cours d'arts et de sciences appliqués à l'industrie.

Cet enseignement devrait avoir une direction pratique. L'initiative privée, qui s'affirme par la création d'écoles professionnelles et d'apprentissage, pourrait être encouragée par les pouvoirs publics, si, au surplus, ces écoles répondent à toutes les conditions de publicité et d'inspection.

II. — La culture de l'habileté manuelle doit commencer à l'école primaire.

Les applications théoriques des sciences à l'industrie s'enseignent à l'école industrielle.

Les applications théoriques des arts graphiques et plastiques à l'industrie s'enseignent dans les écoles d'arts décoratifs.

L'apprentissage se fait dans les ateliers ou dans les écoles fondées par les patrons ou des syndicats professionnels, et intimement unies à l'atelier.

III. — L'action de l'État doit se borner à établir une harmonie et une gradation entre ces diverses écoles d'enseignement professionnel, à les encourager par des subsides, tout en respectant le plus possible l'initiative propre des groupes qui les ont fondées.

IV. — Les communes pourront prêter leur concours à l'enseignement professionnel par :

1° L'introduction d'exercices manuels dans les écoles primaires;

2° La fondation d'écoles industrielles et d'écoles de dessin et de modelage ;

3° Des encouragements consistant en subsides, par l'octroi de locaux aux syndicats professionnels.

V. — L'État et les communes devraient subordonner leur concours aux conditions suivantes :

1° Un minimum d'âge pour l'admission à l'école d'apprentissage ;

2° Un minimum de connaissances justifiées par un examen pour l'admission des apprentis.

Ce minimum pourrait être une connaissance complète de la lecture, de l'écriture et des quatre règles fondamentales de l'arithmétique.

VI. — Le gouvernement pourrait favoriser la création de cours supérieurs d'adultes, dans lesquels serait donné un enseignement théorique approprié aux besoins des ouvriers de la grande industrie.

VII. — Le gouvernement est invité à étendre aux enfants d'ouvriers fréquentant une école technique, le tarif des abonnements ouvriers aux chemins de fer.

En résumé, la Commission du travail émet le vœu que l'apprentissage ait lieu à l'atelier, mais qu'il y soit régulièrement organisé; que les cours techniques nécessaires aux divers métiers soient établis dans les écoles industrielles et dans les académies.

Pour exposer la situation de l'apprentissage et de l'enseignement technique en

Belgique, il est indispensable de tenir compte de la division bien établie et bien réelle dans les idées qui ont présidé au développement de l'enseignement technique, et d'examiner séparément :

1° Les écoles industrielles et leurs cours techniques;

2° Les écoles d'apprentissage des Flandres;

3° Les écoles professionnelles;

4° Les écoles Saint-Luc ;

5° Les écoles professionnelles pour jeunes filles;

6° Les écoles ménagères.

LES ÉCOLES INDUSTRIELLES ET LEURS COURS TECHNIQUES.

M. Rombaut, inspecteur de l'industrie, délégué de la Belgique au congrès de Bordeaux, définit comme suit, dans son discours à ce congrès, l'enseignement qui est donné dans les écoles industrielles :

« C'est un enseignement scientifique élémentaire. Il complète l'enseignement
« primaire, et s'adresse à tous les travailleurs. Il se donne le soir et le dimanche
« matin. Cet enseignement, mis à la portée de l'ouvrier, a pour but de lui donner
« une instruction scientifique qu'il ne peut acquérir à l'atelier, et de développer
« son intelligence en l'initiant à la connaissance des lois générales qui président
« à la transformation de la matière.

« L'enseignement comprend deux parties distinctes : l'une générale pour toutes
« les écoles industrielles, et l'autre qui est spéciale à chaque école, suivant l'in-
« dustrie locale. » (Congrès de Bordeaux, p. 90.)

Pour ce qui regarde l'enseignement scientifique élémentaire, nous nous trouvons en Belgique devant une organisation qui ne laisse pas à désirer. En effet, dès 1884, il existait 35 écoles industrielles avec un budget de 566,282 francs, 10,704 élèves et 361 professeurs, pour une population de 5 1/2 millions d'habitants.

La direction de ces écoles appartient aux communes.

L'État et les provinces accordent leurs subsides. Sur un budget de 566,282 fr. 02 c., l'État intervient pour 215,082 fr. 90 c., les provinces pour 90,761 fr. 35 c., et les communes pour le restant.

Les cours renferment une partie générale, commune à toutes les écoles et comprenant l'arithmétique, l'algèbre, la géométrie, la chimie, la mécanique, les notions de physique, de chimie, d'hygiène, l'économie industrielle, le dessin; puis une partie spéciale qui diffère suivant les localités, dont voici quelques exemples : à Anvers, on enseigne la peinture d'imitation sur marbre et sur bois; à Bruxelles, le dessin, le dessin des machines et le dessin pour les ouvriers en bâtiments; à Charleroi, la conduite des machines à vapeur, l'exploitation des mines, la topographie, la métallurgie; à Gand, le tissage et la filature, le dessin ornemental; à Houdeng (Hainaut), l'exploitation des mines, le dessin et le lever des plans des mines; à Jumet, l'exploitation des mines; à Liége, la construction des machines à vapeur et l'armurerie; à Louvain, la résistance des matériaux et la meunerie; à Ostende, la construction navale; à Seraing, les constructions civiles, le chauffage des chaudières; à Soignies, le modelage, la coupe des pierres, le dessin.

Le rapport publié en 1885 par le gouvernement donne sur chacune de ces écoles, sur les cours, les élèves, le budget, le personnel enseignant, les détails les plus précis. Nous en publions ci-joint le tableau.

La durée des études est généralement de trois ans. Les cours sont gratuits. L'âge d'entrée est de douze à quatorze ans.

Ces écoles industrielles rendent aux apprentis de beaucoup de professions des services considérables, en leur donnant l'instruction scientifique élémentaire et en leur faisant connaître les lois générales des sciences. Cependant quelques-unes d'entre elles pèchent par le caractère trop général de leur enseignement et pourraient s'adjoindre plus de cours techniques appropriés aux besoins des localités.

C'est vers ce dernier but qu'elles devraient tendre. Ne sont-ce pas d'ailleurs ces cours spéciaux qui sont le plus fréquentés?

Bruxelles ouvre un cours spécial de dessin pour les ouvriers en bâtiments, et 233 élèves y sont inscrits sur 686 que compte l'école.

Charleroi crée un cours d'exploitation de la houille, et 55 élèves suivent ce cours, sur 1,100 élèves.

C'est dans ce cours que les certificats sont les plus nombreux.

Namur a établi un cours de coupe de pierres, qui compte 62 élèves sur 495.

A Soignies, sur 170 élèves, 95 sont des ouvriers tailleurs de pierre.

Ces faits et ces chiffres témoignent chez l'ouvrier le désir de trouver un enseignement pratique qui soit directement applicable à la profession qu'il exerce.

Pris du désir de connaître son état parfaitement, il s'empresse d'abandonner les cours généraux pour ne plus s'occuper que de ceux qui l'intéressent directement, et dont il espère tirer profit dans sa profession par un salaire plus élevé.

Il faut mettre sur le compte du caractère trop théorique des leçons, la désertion des classes que l'on remarque souvent après la première année d'études. Les élèves appartenant à la classe ouvrière n'aperçoivent pas l'utilité qu'ils peuvent retirer des données générales de l'enseignement. Le travail manuel est pour eux le seul horizon. Ils se découragent et refusent d'augmenter le léger bagage littéraire et scientifique qu'ils possèdent, et qu'ils trouvent suffisant pour faire le voyage de leur vie d'ouvrier.

Combien les résultats que produisent les écoles industrielles sont plus grands et plus appréciables, quand des cours spéciaux aux principales professions exercées dans la localité y sont annexés!

Combien un enseignement professionnel spécial, se rapportant à la profession qu'ils exercent, dont ils apprécient les effets sur leur salaire, a, près des ouvriers, plus de succès et rend de plus grands services!

Combien cette organisation si complète de nos écoles industrielles, que les pays voisins envient à la Belgique, produira des fruits plus nombreux et meilleurs lorsque les cours seront spécialisés, lorsque la plupart des professions s'y enseigneront, lorsque les portes de nos écoles industrielles seront ouvertes toutes larges à l'enseignement technique des métiers!

Nous avons annexé à notre rapport la liste des 37 écoles industrielles, avec leur budget, leur population qui atteint 11,282 élèves, leurs cours généraux et leurs cours professionnels.

Il n'y a pas d'école industrielle aujourd'hui qui n'ait son cours spécial s'adressant à une profession plus spécialement exercée dans la commune.

LES ATELIERS D'APPRENTISSAGE DES FLANDRES.

Les écoles d'apprentissage des Flandres sortirent de la crise qui accabla ces provinces pendant dix ans, après la révolution de 1830. L'industrie séculaire des Flandres était frappée de stérilité. On comprit que l'amélioration et la transformation du travail, le renversement de la routine, la marche en avant suivant les progrès de la science, étaient les seuls remèdes contre cet engourdissement qui pouvait être mortel.

Les ateliers d'apprentissage furent établis, après l'enquête gouvernementale, par l'arrêté royal du 23 septembre 1842, avec un double caractère professionnel et charitable. Il furent définitivement organisés, tels qu'ils fonctionnent aujourd'hui, par l'arrêté du 26 septembre 1847. Cette fois, le caractère professionnel de ces ateliers était nettement déterminé. Ils étaient devenus de véritables ateliers d'apprentissage.

L'article premier de cet arrêté disait :

« Il sera établi en faveur des jeunes gens plus âgés et des adultes, des ateliers d'apprentissage ou de perfectionnement destinés à former de bons ouvriers. »

Former de bons ouvriers ? N'est-ce pas le but résumé et précis de l'enseignement professionnel, quelle que soit la méthode préconisée pour y parvenir ?

Seulement, les autres articles de l'arrêté qui institue ces ateliers n'ont en vue que les ateliers de tissage, bien que l'arrêté fût applicable à toutes les industries.

L'organisation était suffisante et bien appropriée à ces ateliers. C'étaient des établissements communaux fondés dans les villages importants, où le tissage était répandu, avec une commission directrice, des subsides de la province et de l'État, une inspection provinciale visitant régulièrement les ateliers. L'enquête spéciale faite en 1877, a prouvé que ces établissements étaient indispensables en Flandre, et a montré l'importance des services qu'ils ont rendus à l'industrie et à la population. 64 de ces ateliers ont formé pendant une période de trente-six ans (de 1848 à 1884) 32,832 ouvriers tisserands. Ce chiffre considérable montre à l'évidence leur utilité.

Voici la situation des 44 ateliers existant en 1884 :

Tableau du nombre et des salaires des apprentis des 44 ateliers existant en 1884 :

NOMBRE DES APPRENTIS en 1884.	MOYENNE DU SALAIRE JOURNALIER des apprentis.	NOMBRE DES OUVRIERS FORMÉS en 1884.	NOMBRE DES OUVRIERS FORMÉS depuis la fondation des 44 établissements.
865	0 97	431	22,824

Tableau des recettes des 44 ateliers.

SUBSIDE DE L'ÉTAT.	SUBSIDE DE LA PROVINCE.	SUBSIDE DES COMMUNES.	RECETTES ACCIDENTELLES.	TOTAUX.
35,875 00	9,860 16	17,903 79	2,490 14	66,129 09

Tableau des dépenses des 44 ateliers.

Salaire des contre-maitres	Récompenses aux apprentis.	Entretien du matériel.	Chauffage et éclairage.	Frais divers.	Instruction primaire.	Imprévus.	Totaux.
37,835 00	1,524 00	6,816 66	5,170 00	4,635 00	5,125 00	5,029 43	66,135 09

Le montant des dépenses s'est élevé à 66,135 francs, et les ateliers ont formé 431 apprentis.

Le coût d'un apprenti formé revient donc à 150 francs environ.

Est-il possible d'établir un atelier d'apprentissage dans de meilleures conditions économiques, et de former des apprentis à moins de frais ?

Cependant, n'est-ce pas une chose étrange, devant l'utilité incontestable de ces institutions, de les voir se limiter aux seuls ateliers de tissage ?

Jamais aucune autre industrie n'a bénéficié de l'application de la loi de 1842, de l'arrêté royal de 1847 et des avantages qu'ils apportent.

Bien plus, chaque année certains ateliers disparaissent, et depuis 1857 aucun nouvel atelier ne s'est ouvert.

Quels sont donc les motifs de ce recul ?

Pour M. de Ridder, dans son rapport sur l'enseignement professionnel, le motif serait l'indifférence et l'hostilité des conseils communaux, et le remède serait la transformation de ces ateliers, qui sont communaux, en établissements de l'État.

Nous croyons que les causes directes, ou plutôt les occasions qui amènent la fermeture de ces ateliers sont le manque d'ouvrage pour l'atelier, l'incapacité du contre-maître et le délabrement des outils et des locaux.

En effet, souvent par suite de la situation des affaires, un atelier se trouve sans ouvrage à confectionner. Les fabricants habituels ne peuvent fournir de la besogne et l'atelier chôme. Il suffit de quelques chômages réitérés pour éloigner les élèves, décourager le contre-maître et faire retirer les subsides de la commune.

Ce fait a amené la fermeture de plusieurs écoles. Une fois fermées, elles se réorganisent difficilement.

L'incapacité des contre-maitres a également amené parfois semblable fermeture.

En effet, l'atelier vaut ce que vaut le contre-maître. Si celui-ci est incapable et connaît mal son état, il forme de mauvais ouvriers. Les élèves deviennent rares. Les avantages que l'on devrait retirer disparaissent, les subsides communaux sont supprimés, et la fermeture de l'école en est la conséquence.

La troisième cause qui amène la suppression des ateliers est le défaut de locaux et de métiers perfectionnés. Ici la faute incombe directement au conseil communal. Rarement il refuse d'intervenir pour sa quote-part annuelle de 1/3 des frais, qui s'élèvent à un millier de francs environ. Sa quote-part n'est donc que de trois à quatre cents francs. Mais où beaucoup refusent d'intervenir, c'est dans la reconstruction des locaux et l'achat de nouveaux métiers.

Lorsque les locaux sont suffisants, les métiers au niveau du progrès, le contre-maître habile et capable, le conseil communal favorable, comme cela se rencontre dans les 44 ateliers existant aujourd'hui, l'atelier rend les plus grands services à la population et à l'industrie. Dès qu'une place d'apprenti est vacante, elle est aussitôt sollicitée. Jamais un métier n'est inoccupé.

L'enseignement théorique est donné conjointement avec l'enseignement pratique.

Pendant l'année 1885, de ces ateliers sont sortis 458 bons ouvriers tisserands, instruits, capables, certains de trouver tout de suite un travail rémunérateur.

Nous avons la conviction que, le jour où patrons et ouvriers réunis seront appelés à établir et à diriger l'école professionnelle de leur état, cette école florira et portera des fruits nombreux. Ils seront intéressés à son développement, ils en apprécieront les bienfaits et la nécessité; et le rapport de la section centrale, présenté à la Chambre des représentants, confirmant cet ordre d'idées, dit : « N'y aurait-il pas lieu de réorganiser les ateliers d'apprentissage des Flandres ? »

Aussi étudie-t-on en ce moment un projet de réorganisation de ces ateliers, projet qui vise à les transformer en écoles professionnelles de tissage, d'un niveau supérieur aux ateliers actuels, mais avec un programme moins développé que celui des écoles industrielles et professionnelles ordinaires. (Rapport de M. de Borgrave, député de Bruxelles, p. 26.)

Il y a, en effet, pour les ouvriers tisserands des Flandres une organisation entière, qui ne demande, pour produire des résultats complets, qu'à recevoir quelques perfectionnements.

LES ÉCOLES PROFESSIONNELLES.

Dans le tableau-annexe qui est joint à ce rapport nous avons donné la liste, le budget, l'origine, les cours, le nombre d'élèves, l'année de fondation des 7 écoles professionnelles actuellement ouvertes.

Ces écoles diffèrent quant à leur but, quant à leur nature, quant à leur organisation, quant à leurs fondateurs.

Les écoles de Tournai et de Gand ont été établies par les administrations communales de Tournai et de Gand, et sont dirigées par elles comme le sont les écoles industrielles.

Les écoles de tailleurs de Bruxelles et de Liége, l'école de brasserie de Gand, l'école de typographie de Bruxelles, ont été fondées par des syndicats professionnels.

L'école d'horlogerie de Bruxelles a été établie par l'Œuvre des écoles professionnelles aidée par le syndicat des horlogers.

L'école de Gand ne veut former ni des ouvriers, ni des contre-maîtres ; elle a pour objet de faire des apprentis capables qui deviendront dans le métier spécial qu'ils auront choisi et dans le moins de temps possible des ouvriers complets.

L'école de brasserie de Gand veut former à la fois des patrons et des contre-maîtres.

Les autres écoles ne forment que des ouvriers dans la profession qui y est enseignée.

Les apprentis y entrent ne sachant rien, et ils en sortent ouvriers et à même de gagner immédiatement un salaire rémunérateur.

Les écoles de Tournai et de Gand ont joint à leur enseignement professionnel un enseignement scientifique élémentaire.

L'école de tailleurs de Bruxelles et l'école d'horlogerie de Bruxelles ont ajouté à leurs cours techniques un enseignement primaire supérieur, tandis que l'école de tailleurs de Liége s'est tenue strictement à l'apprentissage.

Pas d'unité, ni dans la formation, ni dans l'organisation et ni dans la direction de ces écoles. Et ce manque de concordance est naturel. En effet, l'école professionnelle doit se prêter aux exigences spéciales de la profession, aux ressources dont l'école peut disposer, au milieu dans lequel elle est créée, et il serait impossible de vouloir donner à ces écoles une organisation identique comme pour un enseignement littéraire et scientifique, de les couler dans un moule unique.

L'État se contente avec raison de les subsidier, d'en contrôler les statuts et d'en examiner les budgets.

Il est donc indispensable de les étudier séparément l'une après l'autre.

Cependant, quant à leurs résultats, 3 écoles seulement, celle de Tournai, celle des tailleurs de Bruxelles et celle des brasseurs de Gand, ont une existence qui dépasse le nombre d'années des cours.

Les 5 autres ne sont pas encore arrivées à la dernière année de leur enseignement et n'ont pas encore produit des élèves complets.

L'ÉCOLE PROFESSIONNELLE DE TOURNAI.

L'école des arts et métiers de Tournai a été fondée en 1841, pour former de bons ouvriers et des chefs d'atelier capables. En 1860, elle fut réorganisée et transformée en école industrielle tout en maintenant trois ateliers d'apprentissage :

Un atelier pour le travail du bois;

Un atelier pour le travail mécanique;

Un atelier pour la chaudronnerie.

L'âge d'admission est de douze ans.

Le travail des ateliers est de huit heures et demie par jour, et les cours théoriques ont lieu le matin et le soir.

Les ateliers sont exploités par des entrepreneurs suivant un contrat dont nous annexons un modèle, celui de l'atelier de mécanique, à titre d'exemple.

Tout est réglé dans le contrat. Il spécifie le nombre d'apprentis que l'entrepreneur devra recevoir, comme le salaire qui leur sera alloué.

L'entrepreneur a à sa charge l'entretien des machines et les accessoires, tandis que les locaux et le gros outillage sont fournis par la ville de Tournai.

Le patron qui exploite l'atelier fournit l'ouvrage nécessaire et les matériaux, place à la tête de l'atelier un contre-maître spécial, et reçoit à titre d'indemnité la somme de 1,500 francs.

Les frais d'installation de l'école se sont élevés à 127,000 francs, et le budget annuel est de 22,000 francs.

C'est dans son acception la plus entière la véritable école professionnelle, et les contrats sont des modèles qui pourraient s'appliquer à d'autres industries.

C'est, en résumé, l'école dans l'atelier, avec tous ses avantages.

Le travail est un travail utile, un travail industriel; les objets qui sont fabriqués et à la confection desquels l'apprenti concourt, sont destinés à la vente.

On a fait disparaître par ce contrat les difficultés qui entourent la création des écoles professionnelles : la fourniture du travail, l'achat des matériaux et la vente des produits fabriqués.

En appliquant des contrats identiques à d'autres professions, peut-être serait-il possible de donner à l'apprentissage une extension beaucoup plus grande.

Si le budget de l'école est élevé, il ne faut pas perdre de vue qu'il se rapporte à trois métiers divers, et qu'à l'enseignement technique est joint un enseignement industriel et scientifique.

L'école de Tournai forme une école modèle d'un caractère spécial et qui a fourni les preuves de sa vitalité.

CONTRATS POUR L'EXPLOITATION DES ATELIERS ANNEXÉS A L'ÉCOLE INDUSTRIELLE
DE TOURNAI.

A. — *Ateliers de mécanique.*

Entre les soussignés, président et membres de la commission administrative de l'école industrielle de la ville de Tournai, d'une part ;

Et M. Auguste Larochaymond, constructeur-mécanicien audit Tournai, d'autre part ;

A été convenu ce qui suit :

ARTICLE PREMIER. L'exploitation des ateliers de construction mécanique, de fonderie et de modelage, établis dans ladite école, est confiée audit sieur A. Larochaymond, aux clauses et conditions suivantes :

ART. 2. Le nombre d'élèves qu'il devra accepter et à qui il devra fournir en tout temps du travail en rapport avec leurs connaissances, est fixé à quarante-cinq à répartir comme suit :

Ajusteurs.	20
Tourneurs	9
Mouleurs.	8
Modeleurs	8

L'entrepreneur mettra à leur disposition les outils nécessaires à leur apprentissage, sauf en ce qui concerne les mouleurs et les modeleurs.

ART. 3. L'élève n'a droit à aucun salaire pendant la première année qui forme son apprentissage, après quoi le prix de la journée est fixé comme suit, pour huit heures et demie de travail :

	1er trimestre.	2e trimestre.	3e trimestre.	4e trimestre.
Deuxième année . .	Fr. 0.10	Fr. 0.20	Fr. 0.30	Fr. 0.40
Troisième année . .	» 0.50	» 0.60	» 0.70	» 0.75
Quatrième année . .	» 0.85	» 0.95	» 1.05	» 1.15
Cinquième année . .	» 1.20	» 1.30	» 1.40	» 1.50

Les élèves entrés avant d'avoir atteint l'âge de treize ans ne recevront que 0 fr. 10 c. par jour pendant toute la deuxième année.

Art. 4. L'état du salaire des élèves est dû à la fin de chaque trimestre; il est payable dans le mois suivant.

Art. 5. La durée d'une journée de travail est de huit à huit heures et demie au plus. Les frais d'éclairage sont à la charge de l'entrepreneur.

Art. 6. L'instruction des élèves sera conduite de manière qu'ils sachent toujours à quoi sont destinées les pièces qu'ils construisent. En tout cas, M. le commissaire délégué et M. le directeur prendront les mesures nécessaires pour que l'instruction soit variée et donnée d'après les méthodes et tracés en usage dans les ateliers les mieux conditionnés.

Art. 7. L'entrepreneur surveillera journellement autant que possible par lui-même les ateliers et aura dans chacun d'eux un contre-maître capable d'enseigner sous sa direction.

Il ne pourra prendre ou conserver dans les ateliers aucun ouvrier étranger contre le gré de M. le commissaire ou de M. le directeur.

Il ne pourra non plus avoir aucun apprenti qui ne serait pas élève de l'école.

Art. 8. L'entrepreneur entretiendra à ses frais les machines et accessoires et y fera toutes les réparations nécessaires à leur bon fonctionnement.

Ils ne pourront transmettre des efforts supérieurs à ceux pour lesquels ils sont établis.

La commission administrative pourra disposer de la force de deux chevaux-vapeur pour les besoins de l'école, moyennant une indemnité à l'entrepreneur de 10 centimes par heure et par cheval.

Art. 9. La présente convention est faite pour une durée indéfinie à partir du 1er octobre 1883. Toutefois, elle peut être résiliée tous les ans, moyennant qu'une partie prévienne l'autre six mois à l'avance.

Avis de la résiliation sera donné le 1ᵉʳ octobre et les ateliers remis en état pour le 1ᵉʳ avril suivant.

Aᴿᴛ. 10. En cas de résilation du contrat, l'entrepreneur s'engage à représenter en bon état et en conformité de l'inventaire qui en aura été dressé, les outils qui constituent le matériel des ateliers appartenant à l'école. En outre, les deux conventions passées entre les contractants, la première, le 9 juillet 1873, relative au déplacement de la fonderie de l'école, l'autre, le 20 juillet 1875, relative au déplacement du hangar, recevront leur pleine et entière exécution.

Aᴿᴛ. 11. L'entrepreneur, pour les soins qu'il donnera à l'instruction des élèves, recevra annuellement un traitement de 1,500 francs. Pour entretien et location des outils lui appartenant, il recevra également une indemnité de 500 francs.

Aᴿᴛ. 12. L'entrepreneur est tenu de se conformer au règlement d'ordre intérieur de l'école.

Aᴿᴛ. 13. Si quelque contestation s'élevait entre l'entrepreneur et la commission, sur l'interprétation des articles du présent contrat, le collège des bourgmestre et échevins sera pris pour arbitre et sa décision fera loi.

Aᴿᴛ. 14. La présente convention devra recevoir l'approbation du conseil communal.

Fait en double à Tournai, le 31 décembre 1883.

L'ÉCOLE PROFESSIONNELLE DES TAILLEURS DE BRUXELLES.

L'école professionnelle des tailleurs fut ouverte le 12 août 1880.

Elle fut établie par la chambre syndicale des maîtres tailleurs de Bruxelles et de ses faubourgs, pour répondre à la concurrence faite aux maîtres tailleurs par les maisons de confections, et remédier à de l'abaissement de la capacité manuelle des ouvriers.

Les maisons de confections acceptent un travail moins bien soigné et où la machine à coudre joue le grand rôle. Les ouvriers connaissant superficiellement leur état, trouvent dans ces magasins de l'ouvrage, à la condition qu'ils se contentent d'un salaire très modique.

Devant cette facilité de trouver du travail et un certain gain avec une connaissance insuffisante du métier, les ouvriers ne se donnent plus la peine ni ne prennent pas le temps d'apprendre à fond leur état.

De là cette rareté toujours plus marquée de bons ouvriers tailleurs.

Les maîtres tailleurs estimèrent qu'en formant régulièrement par un enseignement rationnel de bons apprentis, ils soutiendraient la concurrence qui leur était faite et conserveraient leur clientèle.

Dans ses débuts, l'école eut à surmonter bien des obstacles : l'animosité des ouvriers qui voyaient dans les élèves de cette école une pépinière de futurs concurrents; les préventions de beaucoup de maîtres tailleurs qui ne croyaient ni à la réussite, ni à l'utilité de l'école; l'indifférence des pouvoirs publics non encore familiarisés à l'idée, quelque peu nouvelle, de l'enseignement professionnel, et, enfin, les difficultés inséparables d'un début dans l'organisation d'un enseignement dont on n'avait aucun exemple, et pour lequel on dut procéder par tâtonnements.

Dès l'abord, la ville de Bruxelles aida seule l'école par un subside de 3,000 francs.

Les fondateurs, confiants et dévoués, ne se découragèrent pas, et ils payèrent largement de leur temps et de leur bourse, surmontant les obstacles, réorganisant les cours, réformant les abus, modifiant l'enseignement, changeant de professeurs, jusqu'à ce qu'enfin l'école fût assise solidement.

Il est intéressant, le récit de cette suite de difficultés continuelles et de tout genre, et dont l'historique, publié en 1886 par la commission directrice, donne une photographie fidèle.

L'école est actuellement établie rue du Bois-Sauvage, 17, dans un immeuble qui est loué à la ville de Bruxelles.

L'école comprend 4 classes, avec 8 élèves par classe environ :

La classe préparatoire, où s'enseignent les travaux de couture correcte;

La classe des pièces séparées, où l'on apprend le travail des petites pièces détachées;

La classe des grandes pièces, des montages et du pressage ;

Enfin, il existe une quatrième classe, de perfectionnement.

La durée de l'apprentissage complet est de quatre années.

Pendant la première année, aucun salaire n'est donné à l'élève. Pendant la deuxième, l'élève reçoit 2 francs par semaine, et pendant la troisième, 3 francs.

Les membres du comité s'engagent à fournir aux élèves de l'ouvrage en quantité suffisante, lequel est payé au taux ordinaire des meilleures maisons de tailleurs de Bruxelles.

Deux fois par semaine on donne aux élèves des cours de morale, de langue française, d'histoire, de géographie, de dessin linéaire et de comptabilité.

Aujourd'hui, les ressources de l'école sont régulières et son fonctionnement ne laisse rien à désirer; elle produit chaque année des apprentis qui sont des ouvriers modèles et très recherchés par les tailleurs.

L'école doit ce résultat aux hommes dévoués et persévérants qui forment son comité et qui, depuis dix ans, dirigent l'école.

Elle le doit à ces patrons qui ont compris que leur intérêt et leur devoir étaient de former autour d'eux une pléiade d'ouvriers instruits et capables.

En l'étudiant, on voit que l'existence de l'école est assurée, et que sa situation est normale et régulière.

L'école a formé depuis sa fondation 250 ouvriers environ.

Un des écueils des écoles professionnelles est le départ des élèves après un an ou deux de travail à l'école. Ils ont une connaissance insuffisante de leur état, mais elle leur permet d'obtenir de suite un salaire plus rémunérateur dans des ateliers que celui qu'ils obtiennent à l'école.

L'école des tailleurs a essayé de remédier à cet inconvénient en instituant des bons de satisfaction, que les élèves ne peuvent retirer de la Caisse d'épargne qu'après les quatre années d'études complètes.

Grâce à cette mesure, 10 p. c. seulement n'achèvent pas l'apprentissage entier.

A leur sortie de l'école, ces élèves sont recherchés par les patrons, qui trouvent en eux des ouvriers capables et parfaitement dressés au travail.

Nous devons une mention spéciale à cette école, établie dans l'idée vraie qui devrait présider à la fondation de toute école professionnelle : la réunion des gens d'un même métier, seuls capables et compétents pour diriger et fonder l'école professionnelle de leur état.

Doit.

1	Janvier.	Solde en caisse à nouveau	»	»	600	78
13	Avril.	Retiré de la Caisse d'épargne (caisse des élèves)	»	»	870	00
		Dons de divers pour la distribution des prix	»	»	212	00
		Subside du gouvernement	»	»	3,000	00
		Id. de la province	»	»	700	00
		Id. de la ville	»	»	3,000	00
		Membres protecteurs (cotisations)	»	»	304	00
		Id. effectifs (cotisations)	»	»	418	00
		Élèves non indigents (cotisations)	»	»	168	00
		Id. id. « entrées »	1,386	00		
		Remboursement des « entrées » à deux élèves congédiés	150	00	1,236	00
		Élèves moniteurs, taxes sur leurs travaux	»	»	76	00
		Produit des travaux de l'école	»	»	3,489	25
		Fr.	»	»	14,173	03

Avoir.

13	Avril.	Payement de leurs bons de satisfaction aux élèves sortants	»	»	1,537	00
		Dépenses pour la distribution des prix	»	»	249	06
		Loyer de l'établissement	»	»	1,800	00
		Contribution foncière de 1887	»	»	67	20
		Id. id. 1888	»	»	66	81
		Taxes communales id.	»	»	56	30
		Appointements du secrétaire	»	»	300	00
		Id. du professeur de sciences	»	»	300	00
		Id. des professeurs tailleurs	»	»	7,592	34
		Frais d'assurance contre l'incendie	»	»	17	60
		Id. généraux de ménage et d'entretien	»	»	291	43
		Id. de bureau	»	»	95	52
		Id. de consommation d'eau	»	»	20	00
		Id. id. de gaz	»	»	191	25
		Id. id. de coke	»	»	160	00
		Achat d'une bibliothèque	»	»	102	00
		Id. d'un châssis avec inscription	»	»	22	00
		Id. d'une machine à coudre	»	»	175	00
		Id. d'un fourneau pour les fers	»	»	26	95
		Versé à la Caisse d'épargne (caisse de l'école)	»	»	600	00
		Espèces en caisse	»	»	572	48
		Fr.	»	»	14,173	03

L'ÉCOLE PROFESSIONNELLE DE GAND.

L'école professionnelle de Gand s'est ouverte en 1887.

L'administration communale de Gand l'a établie à l'instar de l'école professionnelle du Havre, sur le rapport de M. Devylder, ingénieur des ponts et chaussées.

Elle comprend un enseignement littéraire et scientifique et un enseignement technique et manuel pour le travail du fer et du bois.

Son but n'est pas de former des ouvriers, mais de préparer des apprentis et de leur donner les éléments de travail manuel et l'instruction nécessaires pour qu'ils deviennent des ouvriers parfaits en un temps très restreint, dans la profession spéciale qu'ils auront choisie.

Fondée en 1887, et les cours étant de trois ans, il n'est pas possible encore de juger des résultats.

L'installation a coûté 34,450 francs, et le budget annuel est de 17,400 francs.

L'enseignement est à la fois théorique et pratique.

Nous joignons le rapport si complet de M. Devylder, qui donne son histoire, sa fondation, son esprit, son but, son programme, et tout ce qui constitue la physionomie exacte de cette école.

Exposition universelle de Paris en 1889.

SECTION BELGE.

GROUPE XI. — ÉCONOMIE SOCIALE.

Section 4. — Apprentissage.

QUESTIONNAIRE.

III. — *Écoles d'apprentissage proprement dites.*

N° 55.

Nature de l'école. — Par qui a-t-elle été instituée ?

L'école professionnelle de garçons à Gand, telle qu'elle est constituée aujourd'hui, est en quelque sorte mixte, en ce sens qu'elle comprend un double enseignement : 1° un enseignement littéraire et scientifique, complément et supplément de l'enseignement des classes supérieures des écoles primaires; 2° un enseignement technique et manuel relatif aux professions que l'école a en vue.

L'enseignement littéraire et scientifique comprend la langue néerlandaise, la langue française (enseignées spécialement par la pratique : lectures, rédactions, conversations sur divers sujets); l'arithmétique, la géométrie pratique (dans les parties spécialement utiles à l'ouvrier); les éléments de la comptabilité (ce que l'ouvrier doit absolument connaître pour évaluer le coût d'un ouvrage, faire des devis, rédiger des factures, etc.); les éléments de la physique et de la mécanique (enseignés à l'école industrielle); le dessin (d'après des objets matériels, et non d'après des dessins déjà tracés ; esquisses, projections, etc.)

L'enseignement technique et manuel comprend la connaissance pratique des métaux et des bois usuels (origines, aspects, préparations ou fabrications, qualités, défauts, etc.), et le travail manuel du fer et du bois (dans toutes leurs applications : ajustage, forgeage, tournage; charpenterie, menuiserie, modelage et ébénisterie de meubles simples). Sur ces divers points, il est donné des indications plus précises dans le programme des cours. (Voir plus loin.)

L'école professionnelle de garçons a été instituée en 1887 par les soins de l'administration communale de Gand, qui s'en est réservé la haute direction, par l'intermédiaire du collège des bourgmestre et échevins. Le conseil communal peut faire inspecter l'école chaque fois qu'il le juge utile.

Immédiatement au-dessous du collège des bourgmestre et échevins, existe, comme autorité, un comité de douze membres, sous la présidence du bourgmestre et la vice-présidence de l'échevin de l'instruction publique : à ce comité sont confiés le patronage et la surveillance des ateliers. Les membres de ce comité sont nommés par le conseil communal, sur la proposition du collège.

Le comité a pour mission de surveiller les travaux des élèves, de rechercher les perfectionnements et améliorations qu'il y aurait lieu d'introduire dans les ateliers, l'outillage, etc., d'indiquer les nouvelles branches de travail manuel qui pourraient être enseignées, et aussi de faciliter le placement des élèves à leur sortie de l'école.

Immédiatement après ce comité de patronage, dont les membres ont, en tout temps, le droit d'inspecter l'école, arrive le personnel administratif et enseignant de l'école, lequel se compose de :

Un directeur (qui peut être chargé de cours);

Un sous-directeur technique, chargé de la haute direction des ateliers (sous les ordres du directeur) et de l'enseignement technique et du dessin ;

Des contre-maîtres chargés du travail manuel (sous les ordres du sous-directeur);

Et des instituteurs chargés de l'enseignement littéraire.

Le directeur et le sous-directeur technique sont nommés par le conseil communal, sur la proposition du collège des bourgmestre et échevins, le comité de patronage entendu.

Les contre-maîtres sont engagés par le collège, le comité entendu.

Les instituteurs sont désignés par le collège parmi les membres du personnel enseignant des écoles communales.

Embrasse-t-elle une ou plusieurs professions ?

Les élèves de l'école sont partagés en deux sections distinctes : la section du bois et la section du fer

Lors de son inscription, l'élève fournit une déclaration de ses parents ou de son tuteur, par laquelle ceux-ci désignent celui des ateliers (bois ou fer) où ils désirent le voir entrer.

Pendant la première année du séjour de l'élève à l'école, les parents ou le tuteur peuvent demander un changement d'atelier. Passé le délai d'un an, le choix devient définitif.

Dans l'atelier du bois, l'élève apprend la charpenterie, la menuiserie, le tour et le modelage; l'ébénisterie *proprement dite* n'est pas enseignée. Tous les élèves de la section du bois font tour à tour tous les travaux que comporte cette section; chacun passe un temps déterminé au tour.

Dans la section du fer, les élèves, pendant les deux premières années, travaillent alternativement à ajuster des pièces, à tourner, à forger ; ils font également de la serrurerie. Pendant la troisième année de leur passage à l'école, les élèves de la section du fer sont partagés en deux groupes : l'un des groupes comprend la serrurerie et la forge, l'autre l'ajustage et le tour. Pour le choix du groupe les parents sont consultés ; on a égard en même temps aux aptitudes de l'élève, à sa force physique, etc.

Tous les élèves sont tour à tour chargés de l'entretien et de la conduite de la machine à vapeur, sous la surveillance du sous-directeur technique et du contre-maître de la section du fer.

L'école a-t-elle pour objet de former des ouvriers ou des contre-maîtres ?

Dans l'esprit de ceux qui l'ont instituée, l'école ne fait ni des ouvriers, ni des contre-maîtres. Ce résultat ne pourrait pas être obtenu en trois années ; et quand bien même il pourrait être atteint, il aurait sur l'avenir de la classe ouvrière une bien mauvaise influence qu'il faut à tout prix lui éviter : bien certainement on formerait des déclassés.

L'école a pour objet de former des apprentis, rien que des apprentis, mais des apprentis capables ; elle prétend les former en moins de temps et mieux que par l'apprentissage à l'atelier ou de toute autre manière. Elle prépare l'apprenti de la façon la plus utile, en lui donnant les éléments complets de tout son travail à l'atelier, et le mettant à même de devenir dans le moindre temps possible un ouvrier capable.

Histoire de l'école. Situation financière. Budget. Dépense moyenne par classe. Nombre d'élèves depuis l'origine ?

L'école professionnelle de Gand est de création trop récente (1887), pour avoir une histoire. Elle a eu dans le principe des adhérents et des détracteurs ; les ouvriers mêmes se sont montrés défiants à son égard, dans les premiers temps.

L'avenir dira si le principe sur lequel son organisation est basée, est bon et vrai. Les résultats obtenus jusqu'à ce jour sont assez remarquables pour pouvoir l'affirmer. Toutefois, comme pour le moment, deux années sur trois sont seules organisées, il n'est pas possible de préjuger d'une manière sûre les résultats définitifs qu'elle atteindra.

Jusqu'en 1888, l'administration communale de Gand a supporté seule les frais d'installation et d'entretien de l'école. Mais dans le courant de l'année 1888, l'État a accordé à la ville un subside de 4,000 francs, et la province un subside de 2,000 francs.

Pour frais d'installation, le Conseil communal a voté en 1887 :

Un premier crédit extraordinaire de . . . . fr. 21,250
En 1888, un deuxième crédit de 9,500
Et pour 1889, un troisième crédit de 3,700

Donc ensemble. . fr. 34,450

Pour l'exercice 1889, le budget de l'école est établi comme suit :

Recettes.

Subvention de l'État et de la province. . . . . fr. 8,200
Subvention de la commune 8,200
Produit des travaux exécutés à l'école. 1,000

Total. . fr. 17,400

Dépenses.

Personnel : indemnités et salaires . . . . fr.	11,375
Chauffage et éclairage	1,300
Huiles et déchets	300
Consommation d'eau	100
Récompenses aux élèves	300
Achat de matières premières	2,000
Impressions et fournitures de bureau	450
Entretien des locaux et du mobilier	1,000
Dépenses imprévues	575
Total. . fr.	17,400

Il est difficile de dire quelle est la dépense moyenne par classe, par la raison que les frais généraux se répartissent aujourd'hui sur les deux premières années organisées seulement, et que ces frais généraux ne seront guère augmentés lorsque la 3ᵉ année aura été constituée.

Au 10 octobre 1887, il y avait eu 32 inscriptions pour 30 places disponibles. Mais 6 élèves inscrits ne se trouvant pas dans les conditions exigées par le règlement organique, n'ont pu être admis. Peu de temps après leur entrée, 2 élèves ont été renvoyés ; de sorte que l'école a été régulièrement constituée avec 24 élèves : 13 dans la section du bois et 11 dans la section du fer.

2 de ces 24 élèves ont été jugés incapables de passer dans la 2ᵉ année d'études, et ont dû quitter l'école.

Au mois d'août 1888, 1 élève de la section du bois a quitté l'école sur l'ordre de son père. De sorte que les deux sections réunies ont été réduites à 21 élèves.

Le 1ᵉʳ septembre 1888, il y avait 59 inscriptions. Sur ce nombre 8 ne se trouvaient pas dans les conditions voulues pour être admises. La population de l'école à cette date était donc de 51 élèves :

30 dans la 1ʳᵉ année { 15 dans la section du fer. / 15 dans la section du bois.

21 dans la 2ᵉ année { 10 dans la section du fer. / 11 dans la section du bois.

Au commencement de cette année (1889), 1 élève de la section du fer (2ᵉ année), a quitté l'école sur l'ordre de son père, pour aller travailler dans un atelier.

Conditions d'admission. Prix et minerval.

Pour être admis à suivre les cours et les travaux de l'école, l'enfant doit être âgé de treize ans au moins et de seize ans au plus, et avoir fréquenté pendant un an au moins la classe supérieure d'une école primaire. Il doit être porteur d'un certificat constatant une application soutenue et une conduite irréprochable. Ce certificat est délivré par le chef de l'école où les études ont été faites.

Quand le nombre des élèves inscrits pour une section est supérieur au nombre de places disponibles, celles-ci sont distribuées aux plus méritants à la suite d'un concours. Les admissions sont prononcées par le collège qui a égard, non seulement aux résultats du concours, mais encore aux antécédents des candidats et au degré de leur développement physique.

L'enseignement théorique et pratique à l'école est absolument *gratuit*.

Programme détaillé des cours.

Le programme des cours à l'école professionnelle de Gand forme les tableaux I, II, III, IV, qui se trouvent aux pages 49 et suivantes du *Rapport sur le projet d'organisation d'une école professionnelle à Gand*, joint au présent mémoire.

Recrutement du personnel enseignant.

Le personnel enseignant se compose spécialement de contre-maîtres et d'instituteurs.

Il y a aujourd'hui à l'école deux instituteurs pris dans le cadre des instituteurs communaux. A la fin de l'année courante, quand la troisième année (cours supérieur) sera organisée, il y aura un seul instituteur attaché d'une manière permanente à l'école.

Pour le moment, il y a trois contre-maîtres attachés aux ateliers :

Un contre-maître pour la forge et la serrurerie ;

Un contre-maître pour l'ajustage et le tournage ;

Un contre-maître pour la section du bois.

Ces contre-maîtres sont *engagés* par le collège des bourgmestre et échevins, à la suite d'un concours pratique dont la matière est indiquée par le comité de patronage, et dont les résultats sont jugés et classés également par ce comité.

Pour obtenir des candidats pour l'emploi de contre-maître, un appel est adressé aux ouvriers par la voie des journaux de la ville.

Temps consacré aux travaux pratiques.

Tous les jours de la semaine, l'élève passe 8 1/2 heures à l'école en hiver et 9 heures en été ; soit en hiver 51 heures par semaine, et en été 54. Les élèves ont, en outre, pendant l'hiver *une* heure de leçon (le lundi) à l'école industrielle.

Le nombre d'heures d'atelier augmente à mesure que l'élève passe d'une année inférieure à une année supérieure, et le nombre d'heures de classe, par conséquent, diminue de cette manière, l'élève travaille davantage à mesure qu'il avance ; et quand il quittera l'école, il sera plus aguerri contre la fatigue.

Par semaine, un élève de chacune des trois années (du cours) reçoit 7 1/2 heures de dessin.

Pour le premier cours (cours élémentaire), il y a, par semaine, en hiver 10 1/2 heures de classe et 33 heures d'atelier.

Pour le deuxième cours (cours moyen), 7 1/2 heures de classe et 36 heures d'atelier.

Enfin, pour le troisième cours (cours supérieur), 4 1/2 heures de classe et 39 heures d'atelier.

En été, le nombre d'heures d'atelier augmentera et sera de :

36 heures pour le premier cours,

39 heures pour le deuxième cours,

42 heures pour le troisième cours.

Les heures de classe et de dessin restent les mêmes qu'en hiver.

Organisation des travaux pratiques.

L'école ne recherche pas des travaux pouvant lui donner un bénéfice : elle ne veut qu'instruire. Il résulte de ce principe qu'*en général*, les élèves n'auront pas à exécuter des œuvres *complètes*, mais bien des *parties* qui se trouvent toujours dans les divers travaux, et dont la connaissance est absolument nécessaire : ce sont ce qu'on peut appeler des *travaux classiques*. Tels sont pour les élèves de la section du bois, tous les assemblages des angles des portes et fenêtres, etc., et surtout la confection de toutes les pièces de l'outillage ;

pour les élèves de la section du fer, les ajustages de tous genres, verrous, serrures, pièces tournées, forgées, et ici encore la confection d'outils. Toutes ces pièces doivent être exécutées avec la plus grande précision, aussi l'élève est-il obligé de refaire toutes les pièces mal faites, sinon immédiatement, du moins dans le cours de l'année (afin de ne pas dégoûter l'enfant).

Toutes ces pièces sont cotées tous les mois, et les points ainsi gagnés pas l'élève sont renseignés dans son livret (voir annexe 2). Dans le courant de l'année, l'élève doit avoir gagné *au moins* la moitié des points attachés à un travail parfait, pour pouvoir passer dans un cours supérieur. Et comme il ne peut pas *doubler* le cours dans lequel il se trouve, parce qu'il ne serait pas dans les mêmes conditions que les nouveaux venus, il est, par le fait, exclu de l'école. Cette condition, bien connue des élèves, excite singulièrement l'émulation.

Bien que l'on s'attache particulièrement à faire exécuter les travaux classiques indiqués au programme des cours, l'école peut être chargée d'exécuter certains travaux demandés par l'administration ou des particuliers, pourvu que ces travaux soient en rapport avec les connaissances techniques des élèves, et puissent servir à développer l'enseignement. Tous autres travaux sont bannis d'une manière absolue.

Qui fournit la matière première que les élèves élaborent?

Cette matière première est imputée sur un article spécial du budget de l'école : c'est donc la commune qui la fournit.

Le travail des élèves s'applique-t-il à des produits marchands ou à des objets de démonstration?

L'école ne produit rien qui puisse être vendu ; elle ne fait pas de concurrence. Tous les objets qu'elle confectionne servent exclusivement à l'instruction des élèves.

Que fait-on de ces produits ?

Les meilleurs, marqués au numéro de l'élève, sont conservés comme objets de démonstration ; les autres sont utilisés, si c'est possible, pour de nombreux travaux classiques.

Les élèves ont-ils une prime sur les résultats du travail?

Pendant les deux premières années de leur séjour à l'école, les élèves s'occupant spécialement de travaux classiques, qui n'ont de valeur que par les connaissances qu'ils font acquérir, aucune prime ne pourrait leur être accordée. Toutefois, à la fin de chacune de ces deux années, des récompenses en livres sont données aux plus méritants.

C'est dans le cours de la troisième année seulement que l'élève pourra obtenir une prime. Si les travaux confiés aux élèves de cette année donnent un bénéfice, celui-ci sera partagé entre les élèves de la section qui les aura exécutés.

Les récompenses de fin d'année seront également converties en primes d'argent. Toutes ces primes seront remises en livrets de la Caisse d'épargne au nom de l'élève. Elles constitueront donc pour lui un capital qu'il pourra utiliser immédiatement, s'il y a lieu, après sa sortie de l'école.

Ce qui constituera encore une prime en faveur de l'élève méritant de troisième année, c'est qu'il fera, aux frais de l'école, un outillage complet qui deviendra sa propriété, et qui lui permettra d'entrer immédiatement dans un atelier, sans frais pour lui.

A sa sortie de l'école et après examen, il recevra un diplôme de capacité.

Durée du séjour réglementaire. Durée effective.

Le séjour réglementaire et effectif d'un élève à l'école est de trois années. Il n'est accordé qu'une vacance de 15 jours, à la fin du mois d'août.

Proportion des élèves abandonnant l'école avant l'achèvement.

Jusqu'à ce jour, *deux* élèves seulement (*un élève par année*) ont quitté l'école avant l'achèvement de leurs études, pour aller travailler à l'atelier. C'est donc une proportion de 4 p. c.

S'efforce-t-on de les retenir ?

Certainement, jusqu'à ce jour aucun moyen, autre que la persuasion, n'a dû être employé. Cette année, *un seul* élève (ou plutôt la mère de cet élève) a manifesté l'intention de quitter l'école ; encore cette intention a-t-elle été sans suite.

Dans la prévision qu'à l'avenir des cas semblables pourraient encore se présenter, le conseil communal a décidé que les parents des nouveaux élèves qui entreront à l'école à partir de septembre 1889, auront à signer un engagement de verser entre les mains du receveur communal la somme de 90 francs pour l'écolage des élèves. Cette somme sera payée lors de la sortie définitive de l'élève ; elle sera due en entier, quel que soit le temps pendant lequel l'élève aura fréquenté l'école. Mais la ville fera, à titre de récompense, remise entière de l'écolage à l'élève qui aura régulièrement fréquenté l'école pendant les *trois* années d'études, ou qui n'aura quitté l'école, avant l'expiration de la troisième année, que pour des motifs reconnus légitimes par le collège des bourgmestre et échevins.

Que deviennent les élèves à la sortie de l'école !
Sont-ils recherchés par les patrons ?

Il n'est pas possible de donner réponse à ces questions, la troisième année d'études n'étant pas encore organisée, et aucun élève, tel que l'école prétend le former, n'étant *sorti* jusqu'à ce jour.

Gand, le 22 mars 1889.

Le Directeur de l'école,
G. Devylder.

L'ÉCOLE NATIONALE D'HORLOGERIE DE BRUXELLES.

Le président-directeur de l'école nationale d'horlogerie, M. Alfred Taman, nous fournit au sujet de l'école qu'il dirige les renseignements complets suivants :

L'école nationale d'horlogerie de Bruxelles a été créée par l'œuvre des écoles professionnelles le 1er septembre 1887.

Elle embrasse : 1° l'horlogerie complète; 2° la petite mécanique; 3° les instruments de précision; 4° l'électricité.

Elle a pour objet de former des ouvriers habiles et des contre-maitres instruits dans la théorie et la pratique.

Elle est subsidiée par l'État, la province et l'œuvre des écoles professionnelles. Son budget est de 18,000 francs.

Il y a 38 élèves.

Les élèves doivent être âgés de quatorze ans et passer un examen pour entrer à l'école.

Le minerval est de 250 francs par an; il est accordé un certain nombre de bourses et de demi-bourses.

Les cours comprennent : l'horlogerie pratique et théorique, l'algèbre, les mathématiques, la cosmographie, la mécanique, l'électricité, le dessin, le français, la tenue des livres, la chimie, la gravure, la dorure et la minéralogie.

Le personnel est composé de deux professeurs d'horlogerie pratique et théorique, un professeur de français et de commerce, un professeur de mathématiques, d'algèbre, de mécanique et de cosmographie, et un professeur de chimie et de minéralogie.

Le temps consacré aux cours pratiques est de 8 à 12 heures et de 2 à 7 heures du soir.

L'école fournit les premières matières qui sont employées pour la confection des pendules et montres.

Le travail s'applique à des produits marchands.

Ces produits peuvent être vendus; en cas de vente, l'élève touche le quart de la vente.

Les études complètes sont de quatre années.

Les élèves, en sortant de l'école, sont aptes à entrer dans n'importe quel atelier d'horlogerie ou de petites mécaniques.

Ceux qui obtiennent des diplômes de capacité seront toujours recherchés par les patrons.

L'ÉCOLE DES TAILLEURS DE LIÉGE.

L'école des tailleurs de Liége compte à peine un an d'existence. Elle s'est ouverte le 2 octobre 1888.

Elle possède actuellement 25 élèves, et quand l'enseignement sera complet, elle occupera 40 élèves environ.

Elle est sous la direction des tailleurs de la ville réunis en syndicat, qui ont fondé, qui dirigent et qui surveillent l'enseignement.

L'apprentissage est le seul enseignement de l'école. Un cours de gymnastique a été établi pour atténuer les effets nuisibles sur la santé des élèves de l'immobilité à laquelle est condamné l'apprenti tailleur.

Les résultats de cette école ont dépassé les espérances des fondateurs.

Après un travail de six mois, les élèves ont produit des ouvrages en tout point satisfaisants et qu'un apprentissage ordinaire de deux à trois ans n'aurait pu leur apprendre.

Elle est établie avec le minimum de frais possible.

Chaque semaine, un tailleur, membre du comité, a la surveillance journalière de l'école, et le comité se réunit également chaque semaine pour s'occuper de tout ce qui constitue la direction de l'enseignement et de l'école.

Combien de métiers pourraient, s'il se rencontrait des hommes d'initiative et de dévouement, organiser à peu de frais un enseignement identique pour leur profession! Quels services ces hommes dévoués rendraient à leur industrie et à la classe ouvrière!

Mais souvent on hésite devant des difficultés qui paraissent insurmontables. L'école des tailleurs de Liége, si simple, si peu coûteuse, est la preuve que l'on peut réussir à les vaincre avec du dévouement et de l'initiative.

Bilan de l'école professionnelle de tailleurs de Liége, au 15 février 1889.

Recettes :	Fr.	C.	Dépenses :	Fr.	C.
Subside du gouvernement .	2,000	00	Loyer du local.	462	50
— de la province . .	500	00	Appointement du professeur (4 mois)	400	00
— de la ville. . . .	500	00	Installation	628	83
Intérêts de la banque. . .	13	10	Frais de bureau	100	10
Total des recettes . . .	3,013	10	Chauffage-éclairage . . .	53	74
			Fournitures d'atelier . . .	22	75
			Total des dépenses. . .	1,067	92

```
Recettes  . . . . . . . . . . . . . . . . . . . fr.   3,013  10
Dépenses  . . . . . . . . . . . . . . . . . . .       1,667  92
                                                      ─────────
                              En caisse.  . .  fr.    1,345  18
```

Budget pour l'année 1889.

	Fr.	C.
Appointement des deux professeurs.	2,300	00
— d'un secrétaire adjoint étranger à la commission . . .	150	00
— d'un professeur de gymnastique	225	00
Loyer	700	00
Frais de bureau.	150	00
Chauffage-éclairage	200	00
Fournitures pour l'atelier.	190	00
Femme de peine	180	00
Total. . .	4,095	00

Quatre mille nonante-cinq francs.

L'ÉCOLE DE BRASSERIE DE GAND.

L'école de brasserie de Gand a été fondée en 1887 par la Société des Brasseurs belges, association formée à Gand pour relever l'industrie nationale de la brasserie en améliorant ses produits par la science.

Et avec raison les brasseurs ont pensé que le meilleur moyen de répandre les connaissances nécessaires pour former un brasseur capable était de fonder une école de brasserie.

L'école comprend deux sections :

Une première, gratuite, destinée à l'enseignement théorique et pratique des contremaîtres et ouvriers brasseurs;

Une seconde, payante, qui comprend l'enseignement théorique et pratique complet pour brasseurs et directeurs de brasserie.

L'enseignement théorique se donne à l'école.

L'enseignement pratique a lieu par la visite de brasseries et par l'assistance dans différentes brasseries au travail des bières.

La partie théorique comprend :

Un cours détaillé de brasserie;

Un cours de chimie appliquée à la brasserie;

Éléments de physique appliquée à la brasserie;

Éléments de mécanique industrielle.

Cours de bactériologie;

Cours de comptabilité spécialement appliquée à la brasserie;

Cours d'économie politique;

Cours de législation de brasserie.

Les élèves aspirants brasseurs sont placés comme stagiaires dans une école de brasserie de la ville pour y suivre journellement les travaux.

L'école de brasserie a eu des débuts difficiles, mais grâce à la persévérance de ceux qui l'avaient fondée, elle a triomphé de tous les obstacles et elle est actuellement à la hauteur des écoles de brasserie similaires des pays voisins.

Le nombre des élèves depuis l'origine est de 138.

L'enseignement est gratuit pour les ouvriers, tandis que les élèves brasseurs payent un minerval de 500 francs.

Jusqu'aujourd'hui, les élèves ont trouvé aisément, à la sortie de l'école, des places de directeur ou de contremaître.

Le jury de l'exposition de brasserie de 1887, à Paris, a accordé à l'école de brasserie de Gand un diplôme d'honneur.

Les élèves sont au nombre de 61 pour les deux sections.

Le budget de l'école est de 23,000 francs environ, comprenant les subsides de l'État, de la ville et de la province, le minerval des élèves payants et les dons des membres protecteurs.

Nous joignons à notre rapport le règlement de la Société des Brasseurs et celui de l'école de brasserie.

L'ÉCOLE PROFESSIONNELLE DE TYPOGRAPHIE DE BRUXELLES.

L'école de typographie a été fondée par les ouvriers typographes et les patrons imprimeurs de Bruxelles.

Cette alliance des ouvriers et des patrons réunis dans un même but utilitaire : la formation de bons ouvriers, est la caractéristique de cette école.

Une quantité égale de patrons et de délégués ouvriers la dirigent.

Les patrons ne peuvent envoyer à l'école qu'un nombre d'apprentis proportionné au chiffre des ouvriers qu'ils emploient.

Les ouvriers ont cru obvier ainsi à ce danger que certaines personnes semblent redouter dans la création d'écoles professionnelles : la formation d'apprentis en quantité plus considérable que les besoins de l'industrie ne l'exigent.

L'article 7 du règlement de l'école dit :

Le nombre des apprentis ne pourra dépasser celui des ouvriers des patrons adhérents, proportionnellement aux bases suivantes :

De 1 à 6 ouvriers . . . . 2 apprentis.
De 7 à 14 ouvriers. . . . . . 3 —
De 15 à 25 ouvriers . . . . . 4 —

et un apprenti en plus de ce dernier nombre par série de 10 ouvriers.

Quand un apprenti a fréquenté l'école régulièrement pendant trois ans, la maison qui l'emploie peut en engager un nouveau, à condition qu'elle occupe au moins cinq ouvriers.

Les patrons adhérents doivent organiser le travail des élèves de façon qu'ils puissent suivre d'année en année les cours de l'école.

La durée de l'apprentissage est de cinq ans.

Les cours n'ont lieu que le soir entre 7 et 10 heures, les lundi, mardi, mercredi, jeudi et vendredi.

Chaque semaine, pour chaque élève, il y a au moins un cours technique et un cours scolaire.

Ce qu'il y a de spécial dans cette école, c'est qu'elle est instituée pour donner l'instruction théorique et pratique aux apprentis qui travaillent dans les ateliers des patrons adhérents à l'école.

Ces apprentis viennent le soir s'instruire du métier qu'ils exercent pendant la journée. Il convient de faire remarquer que cette organisation s'approprie parfaitement aux besoins de la typographie.

Mais cela montre à nouveau que l'école professionnelle ne peut avoir une organisation unique, et qu'elle doit se plier aux exigences des métiers et de la profession qui est enseignée.

Le budget de l'école de typographie est de 6,000 à 7,000 francs.

Elle compte actuellement 60 élèves.

Cette organisation peut se prêter à l'enseignement d'autres professions encore et est à imiter. Ce sont en réalité des cours du soir où les apprentis viennent théoriquement et pratiquement s'instruire, manier l'outil et compléter leur instruction, de façon à rendre à l'atelier des services plus importants et à devenir plus rapidement et plus complètement des ouvriers capables. On apprend, le soir à l'école, ce que le patron n'a ni le loisir, ni quelquefois la bonne volonté d'enseigner à ses apprentis.

L'école remplit le devoir social qui incomberait naturellement au patron si les exigences de l'industrie et des affaires ne l'empêchaient de le remplir.

En Angleterre, l'association pour le développement de l'enseignement technique a organisé des cours du soir pour la plupart des professions.

Ces cours sont uniquement théoriques.

Ici, au contraire, l'enseignement est à la fois théorique et manuel.

C'est donc l'apprentissage complet, c'est l'école annexée à l'atelier.

Mais ce qu'il faut surtout louer ici, c'est l'accord des ouvriers et des patrons réunis dans une même pensée : former des apprentis instruits et capables.

LES ÉCOLES PROFESSIONNELLES SAINT-LUC.

Les écoles Saint-Luc sont fondées par l'initiative privée. Elles s'adressent aux artisans et leur enseignent les principes de l'art du dessin dans ses applications industrielles se rattachant à la construction.

Elles cherchent particulièrement à former des apprentis en vue des industries locales.

C'est la taille des pierres, la menuiserie, la sculpture, la décoration, l'ornement, la construction qui y sont enseignés.

Les écoles Saint-Luc donnent à leur enseignement un caractère chrétien et national.

L'enseignement a lieu par les Frères des écoles chrétiennes, sous la direction et avec l'aide d'un comité protecteur.

L'école Saint-Luc de Gand compte 597 élèves.

L'école Saint-Luc de Schaerbeek compte 143 élèves.

L'école Saint-Luc de Tournai compte 143 élèves.

L'école Saint-Luc de Liége compte 130 élèves.

Les trois premières sont subsidiées par l'État.

L'école de Gand est celle dont l'organisation est la plus complète. Les cours comprennent sept années.

Dans la première année, l'élève est initié aux premiers principes du dessin.

Dans la deuxième année, il choisit la profession spéciale à laquelle il se destine.

Dans les années suivantes commencent et continuent les cours de construction.

Les écoles Saint-Luc ont depuis leur fondation progressé d'une manière constante. L'école de Gand, fondée la première, a 600 élèves environ. Le nombre des élèves, qui s'accroît chaque année, prouve que ces écoles sont appréciées par les parents et que les résultats sont satisfaisants.

Grâce à leurs connaissances, à l'amour de leur état, à la sûreté de leur goût, à leur conduite, à leurs habitudes de travail et d'ordre, les élèves sont recherchés par les patrons, et deviennent à leur tour dans la petite industrie des patrons intelligents et laborieux.

LES ÉCOLES PROFESSIONNELLES POUR JEUNES FILLES.

Les écoles professionnelles pour jeunes filles sont au nombre de six : Bruxelles en possède deux; Anvers, Mons, Liége et Verviers, une.

Ces écoles procèdent d'une même idée généreuse et concourent aux mêmes buts.

Remédier à l'apprentissage long, dangereux et difficile que les jeunes filles devront subir, leur permettre de subvenir aux besoins de la vie par un travail suffisamment rémunéré, les diriger vers les professions les plus aisées à exercer dans la famille, voilà le premier but.

Développer leur intelligence, leur habileté, leur goût, leur instruction générale, voilà le second but.

C'est à la bourgeoisie que l'école pour jeunes filles s'adresse spécialement.

Il était nécessaire de fournir à cette classe sociale les moyens de parer aux éventualités de la vie, de l'armer pour la lutte, de lui permettre de trouver les moyens de vivre dans des professions appropriées à son éducation.

Et le succès que ces cours professionnels ont obtenu prouve à suffisance leur nécessité.

L'école de la rue du Marais, à Bruxelles, fondée en 1867, comptait la première année 137 élèves, dont 38 payantes et 99 boursières.

Les deux écoles de Bruxelles, celle de la rue du Marais et celle de la rue du Poinçon, comptent aujourd'hui 786 élèves à elles deux.

Le nombre toujours croissant des élèves et la proportion d'élèves payantes indiquent que non seulement les filles de la petite bourgeoisie fréquentent les cours professionnels, mais que nombre de parents de la classe aisée jugent nécessaire de donner à leurs filles une éducation professionnelle. Dans ces temps où les revers de fortune sont si rapides et si fréquents, n'est-il pas de la plus naturelle prudence de donner aux jeunes filles une éducation professionnelle leur permettant de parer à toutes les éventualités de la vie?

L'élève choisit à sa guise le cours professionnel qui lui convient, et perfectionne, de concert avec ce cours spécial, son instruction dans toutes les matières du programme des écoles moyennes.

Les cours pour jeunes filles sont les mêmes, à peu de chose près, dans toutes les écoles; leur histoire, leur organisation, leurs résultats sont identiques.

Les cours sont :

La confection et la coupe des vêtements, cours le plus fréquenté;

La lingerie et la broderie;

La confection des fleurs artificielles;

Le cours de commerce et de comptabilité;

Le dessin de dentelles;

La peinture sur porcelaine ou éventail, sur verre.

Ces écoles ont généralement été créées par l'initiative privée, qui voulait combler cette lacune de notre enseignement.

Elles sont subsidiées par l'État, les communes, les provinces et sont dirigées par un conseil d'administration choisi par les membres protecteurs de l'école.

Quant aux résultats, le nombre toujours croissant des élèves montre combien ils sont appréciés par les parents.

Les jeunes filles trouvent d'ailleurs presque toujours à leur sortie de l'école des positions rémunératrices.

Reprenons l'examen des six écoles professionnelles pour jeunes filles.

L'ÉCOLE PROFESSIONNELLE, RUE DU MARAIS, A BRUXELLES.

Nous joignons en annexe le rapport publié sur cette école et qui comprend les considérations générales qui ont amené sa fondation, son histoire, le détail de son administration, les renseignements sur les locaux, le mobilier et l'outillage scolaires, la division des cours, le personnel enseignant, les élèves, la comptabilité, les distinctions obtenues, les statuts de l'association, la liste des membres protecteurs, le détail de la fréquentation scolaire, le tableau de l'emploi du temps, et enfin le budget.

Voici le détail des cours avec le nombre d'élèves qui les fréquentent :

Le cours de confection, cours le plus suivi, a 294 élèves.

Dès le début, ce cours était un véritable atelier ayant clientèle. Mais ce caractère d'atelier dénaturait l'esprit qui doit présider à un cours de ce genre. L'apprentissage véritable était négligé pour le travail à produire. Actuellement, la clientèle de la maîtresse d'ouvrage et les travaux apportés par les élèves suffisent à alimenter le travail des cours.

Le cours de lingerie comprend	47	élèves.
Celui de commerce,	101	—
Celui de peinture,	33	—
Celui de fleurs artificielles,	19	—

L'ÉCOLE PROFESSIONNELLE DE JEUNES FILLES RUE DU POINÇON, 24

(Rapport présenté par la directrice de l'école.)

Le 1er octobre 1873, un comité, agissant par son initiative privée, et composé de MM. Anspach, Bischoffsheim, De Rongé, De Mot, Hymans, Mommaerts, Lebègue, De Doncker, Vander Linden, et présidé par M. Funck, échevin de l'instruction publique, ouvrit rue de Ruysbroeck une école professionnelle de jeunes filles.

Les fondateurs n'avaient d'autres ressources assurées que les dons volontaires des personnes qui leur avaient promis leur concours, mais dont la sympathie pouvait leur faire défaut d'une année à l'autre, et ils assumaient en débutant ainsi une lourde et généreuse responsabilité.

Dès l'ouverture, 70 élèves se présentèrent, et en trois ans, le nombre fut porté à 150, parmi lesquelles le Comité put admettre de nombreuses boursières, par suite des ressources nouvelles que lui procura le concours actif d'un vaillant groupe libéral, le Cercle des Collecteurs.

En faisant des quêtes dans les endroits publics, en organisant des fêtes de bienfaisance et des cortèges, ces auxiliaires dévoués permirent à la jeune école de se développer rapidement.

Mais les élèves se présentèrent chaque année plus nombreuses, et le local était devenu absolument insuffisant; le comité s'adressa alors à la ville de Bruxelles, qui consentit à construire une école, et le 1er octobre 1879, on inaugura le nouvel établissement, rue du Poinçon, 24.

Les bâtiments avaient été élevés par les soins des agents de la ville et sur les plans de M. l'architecte Hendrickx; ils comprennent en façade un logement pour la directrice, et au fond un grand bâtiment d'école, contenant dix classes et une grande salle de dessin; un préau couvert et un jardin complètent l'établissement, dont la disposition est très pratique et tout à fait appropriée à sa destination.

La prospérité de l'école s'affirma dès lors d'une façon éclatante; les élèves affluèrent; l'État, la province de Brabant et la ville, reconnaissant son utilité, lui allouèrent des subsides et assurèrent définitivement son avenir. Les travaux des élèves figurèrent d'une façon brillante à l'exposition de 1880 et obtinrent une médaille d'or à l'exposition universelle d'Anvers en 1885.

Pour être admises, les élèves doivent être âgées de douze ans et avoir suivi avec fruit les cours d'une école primaire.

L'école compte aujourd'hui 325 élèves.

Le minerval est fixé à 18 francs par trimestre, mais de nombreuses bourses d'études sont accordées, soit à l'intervention de la ville de Bruxelles, soit au nom des souscripteurs de l'œuvre ou de différents cercles créés pour la propagation de l'enseignement.

Le personnel enseignant se recrute parmi les normalistes de la ville de Bruxelles, avec préférence pour les anciennes élèves de l'école; toute nomination est précédée d'un concours.

Il se compose d'une directrice, de sept institutrices, de deux maîtresses de langues, de sept maîtresses pour les cours professionnels, d'une maîtresse de chant, d'un professeur de dessin et d'une maîtresse adjointe pour le dessin. L'enseignement est très bien organisé, et tout le personnel s'acquitte avec zèle et dévouement de ses fonctions.

Un comité administratif de quinze membres, nommés par le conseil communal et agréés par le gouvernement, est placé à la tête de l'école. Il s'occupe activement de veiller à la bonne marche de l'établissement et de faciliter aux jeunes filles qui en sortent les moyens de se créer une position.

Des éloges sont dus aux personnes dévouées qui acceptent cette mission difficile.

Une exposition publique des travaux des élèves a lieu chaque année à la fin des cours.

Le temps consacré aux travaux pratiques et leur organisation sont indiqués dans le programme : les matières premières servant aux travaux des élèves sont fournies par celles-ci ou par des particuliers, sans frais pour l'école.

Les élèves ne reçoivent pas de prime sur les résultats de leur travail; s'il y a un bénéfice, il sert encore à l'achat de matières premières.

La durée normale des cours est de trois ans; mais c'est un minimum qui est généralement dépassé. Les élèves qui désirent obtenir un diplôme de confection, de commerce, de dessin, de lingerie, doivent demander et obtiennent toujours, sauf motif grave, l'autorisation de suivre une quatrième année d'études professionnelles.

Il est très rare de voir des élèves quitter l'école avant l'achèvement de leur instruction; le cas a toujours été motivé par des raisons de famille contre lesquelles le comité administratif n'avait aucune action.

Les élèves, après leur sortie de l'école, trouvent généralement assez rapidement une position. Les unes s'établissent à leur compte, grâce aux ressources de leurs familles, les autres entrent dans des maisons de commerce.

Les diplômes de l'école sont considérés comme fort sérieux par les patrons. Les jurys qui les délivrent sont composés de membres du comité administratif, de chefs de maisons de lingerie, de broderie ou de confection, de chefs de service de la Banque nationale et de fonctionnaires du gouvernement.

Aucune élève ne peut obtenir un diplôme professionnel si elle n'obtient un nombre de points déterminé pour les cours généraux.

Le budget de 1888 a été de 36,700 francs, dans lequel l'État et la commune interviennent chacun pour 10,000 francs et la province pour 1,500 francs. Le local appartient à la ville, qui se charge en outre de l'entretien des bâtiments et du mobilier. La dépense moyenne par classe est de 2,040 francs environ.

Le programme des matières enseignées dans les cours généraux et des matières enseignées dans les cours professionnels est joint en annexe.

L'ÉCOLE PROFESSIONNELLE POUR JEUNES FILLES A ANVERS.

Cette école a été fondée également par l'initiative privée en 1874 et a été adoptée en 1880.

Son budget est de 41,500 francs.

Les élèves qui la fréquentent sont au nombre de 241.

Les cours professionnels donnés sont :

Le cours de confection;

Le cours de lingerie;

Le cours de fleurs artificielles;

Le cours de dessin et de peinture;

Le cours de commerce.

Son organisation et ses résultats sont identiques à ceux des écoles de Bruxelles.

ÉCOLE PROFESSIONNELLE POUR JEUNES FILLES A LIÉGE.

Cette école a été fondée en 1875 par la ville de Liége, qui la dirige. Tous les frais sont à sa charge.

Elle compte aujourd'hui 353 élèves.

L'enseignement comporte :

Le cours de peinture sur porcelaine, bois et étoffe, avec 25 élèves ;

Le cours de dessin, avec 45 élèves ;

Le cours de lingerie, avec 38 élèves ;

Le cours de fleurs artificielles, avec 11 élèves ;

Le cours de sciences commerciales, avec 106 élèves ;

Le cours de confection, avec 161 élèves ;

Le cours d'histoire et de littérature, avec 67 élèves.

L'ÉCOLE PROFESSIONNELLE POUR JEUNES FILLES A MONS.

L'école de Mons a été ouverte le 18 octobre 1878 et comprend cinq cours professionnels fréquentés par 128 élèves, qui se répartissent comme suit :

32 élèves au cours de lingerie ;

52 élèves au cours de confection ;

25 élèves au cours de broderie ;

7 élèves au cours de fleurs artificielles ;

12 élèves au cours de peinture sur porcelaine.

Le budget s'élève à 21,450 francs, alloués par l'État, la province de Hainaut et la ville de Mons.

L'ÉCOLE PROFESSIONNELLE POUR JEUNES FILLES A VERVIERS.

L'école professionnelle a été fondée le 3 janvier 1887, par une association établie en vue de créer, de patronner et de diriger cette école.

Nous joignons en annexe le rapport sur l'école et le règlement, qui développent les considérations générales qui ont amené sa fondation, qui détaillent les locaux, le mobilier et l'outillage scolaires, les cours, le personnel enseignant, qui donnent les renseignements complets sur la fréquentation, les finances, le budget, le règlement.

L'État, la province de Liége, les communes de Verviers, de Dison, de Hodimont et d'Andrimont subsidient l'école, dont le budget est de 7,668 fr. 90 c.

Le cours d'hygiène est suivi par 12 élèves;

Celui de coupe de vêtements, par 74 élèves;

Celui de peinture, par 10 élèves;

Celui de commerce, par 23 élèves;

Celui de littérature, par 25 élèves;

Celui d'allemand, par 23 élèves.

L'école est fondée depuis deux ans environ, et 167 élèves suivent les cours professionnels.

En résumé, 1,683 jeunes filles fréquentent les cours des six écoles professionnelles de Belgique.

***

LES ÉCOLES MÉNAGÈRES.

Nous nous trouvons en présence d'une organisation complète. Si elle n'a pas produit tous les résultats qu'elle peut produire, s'il reste à la compléter et à l'étendre, au moins la trame de cette organisation est préparée et n'attend que le travail du dévouement pour se remplir.

Nous avons à peine besoin de rappeler la nécessité qui s'impose d'apprendre à l'école aux jeunes filles de la classe ouvrière les travaux domestiques.

Il faut donner à la femme à l'école même un apprentissage des travaux du ménage puisqu'elle ne parvient pas, en général, à faire cet apprentissage dans la famille. Là où la famille fait défaut, l'école doit suppléer.

Le triple objet qu'il est nécessaire d'apprendre à l'école est :

La confection et l'entretien des vêtements;

L'entretien de la maison;

La préparation de la nourriture.

Le ministre de l'intérieur et de l'instruction publique a publié relativement à cet enseignement une instruction qui contient des considérations générales sur sa nécessité, le programme détaillé de ce qui doit être enseigné, les indications utiles pour l'organisation de l'école ménagère, qui peut être annexée aux écoles primaires et aux écoles d'adultes.

Il recommande de préparer dans l'école primaire cet enseignement de l'école ménagère, dans un programme approprié aux besoins des localités et à l'âge des enfants.

Ce programme comprend :

Au degré inférieur :

A. Des leçons de choses, ou entretiens familiers préparatoires à l'enseignement de l'économie domestique et de l'hygiène ;

B. De petits travaux de ménage à faire à domicile.

Au degré supérieur :

A. Des notions d'hygiène et d'économie domestique ;

B. Des occupations ménagères ;

C. Des travaux à l'aiguille.

Mais cet enseignement théorique doit être, quand cela est possible, complété par un enseignement pratique, soit dans la classe ménagère annexée à l'école primaire, soit dans la classe ménagère annexée à l'école d'adultes, soit dans l'école ménagère spéciale.

Les écoles primaires ayant une section ménagère sont au nombre de dix-sept : Molenbeck-Saint-Jean, Louvain, Hougaerde, Courtrai, Alost, Huyse, Gand, Gilly-Centre, Gilly-Haies, Gilly-Sart-Allet, Mont-sur-Marchienne, Morlanwelz, Houdeng-Aimeries, Boussu, Hollogne-aux-Pierres, Pepinster, Verviers, Liége, Coujoux (Dinant).

La dépense pour l'outillage de la cuisine et de la buanderie est de 500 francs environ.

Les jeunes filles apportent de chez elles le linge à laver et à repasser. Les frais de la cuisine sont seuls supportés par la commune ; ils peuvent s'élever de 150 à 200 francs.

L'apprentissage a lieu deux fois par semaine, de 2 à 4 heures.

Beaucoup d'écoles privées ont à leur tour annexé cet enseignement à leur école primaire.

Classe ménagère pour les jeunes filles adultes.

La classe ménagère annexée à l'école d'adultes s'adresse à des jeunes filles d'un âge plus élevé. Le cours doit être plus complet, et a une durée de deux ans.

L'enseignement des travaux du ménage s'adresse, de sa nature, bien plus aux élèves adultes qu'aux enfants des écoles primaires. Vers l'âge de douze à quatorze ans, les jeunes filles possèdent, si elles ont été bien dirigées, une instruction générale convenable ; leurs forces physiques se sont développées, le goût du travail manuel leur est venu : c'est le moment d'achever leur préparation à la vie de la famille.

Voici quelle pourra être, dans ses grandes lignes, l'organisation d'une classe ménagère pour filles adultes :

A. — Communes rurales.

La classe sera ouverte pendant toute l'année scolaire, sauf à l'époque de la fenaison, de la moisson, de la récolte des pommes de terre, etc.

Le cours complet se donnera en deux ans.

Première année.

Un jour par semaine, pendant une heure (le dimanche, par exemple) :
Leçon d'hygiène et d'économie domestique.
Un jour par semaine, pendant deux heures (le jeudi, par exemple) :
A. Période d'hiver. Entretien de la propreté de l'habitation et des meubles. Lavage et repassage du linge. Travaux à l'aiguille, principalement coupe et confection des vêtements usuels et raccommodage du linge et des vêtements ;
B. Période d'été. Travaux au jardin potager. En cas de mauvais temps, les élèves s'appliqueront aux travaux de couture.

Deuxième année.

Un jour par semaine, pendant une heure (le dimanche, par exemple) :
Leçon d'hygiène et d'économie domestique.
Un jour par semaine, pendant deux heures (le jeudi, par exemple) :
A. Période d'hiver. Cuisine pratique ;
B. Période d'été. Travaux au jardin potager et cuisine pratique.

B. — Villes.

La classe ménagère sera ouverte pendant neuf ou dix mois par an, d'octobre à juillet.

Le cours complet se donnera en deux ans.

Première année.

Le dimanche ou un autre jour, pendant une heure :
Leçon d'hygiène et d'économie domestique.
Le jeudi ou un autre jour, pendant deux heures :
Entretien de la propreté de l'habitation et des meubles. Lavage et repassage du linge. Travaux à l'aiguille, principalement coupe et confection des vêtements usuels et raccommodage du linge et des vêtements.

Deuxième année.

Le dimanche ou un autre jour, pendant une heure :
Leçon d'hygiène et d'économie domestique.
Le jeudi ou un autre jour, pendant deux heures :
Cuisine pratique; soins à donner aux enfants et aux malades.
Les leçons d'hygiène et d'économie domestique auront pour base le programme du degré supérieur de l'école primaire, que l'on pourra développer d'après les besoins.
Les élèves apporteront le linge et les articles de toilette destinés au lavage.
On donnera beaucoup de soin au raccommodage du linge et des vêtements.
On fera étudier la coupe et la confection des objets ci-après indiqués : linge de literie, tablier ordinaire à manches pour fillette, chemise de femme, pantalon de fillette, peignoir, robe d'enfant, blouse d'ouvrier, chemise d'homme, pantalon et veste de petit garçon, robe de jeune fille.
Comme dans la classe ménagère annexée à l'école primaire, on enseignera généralement la cuisine ouvrière, ainsi qu'un certain nombre de préparations empruntées à la cuisine bourgeoise.
A la campagne, il importe d'enseigner pratiquement les opérations du jardinage, le choix des légumes et des fruits, les soins à leur donner et les moyens de les conserver. C'est par l'entretien d'un bon jardin potager et fruitier que la ménagère intelligente doit créer des ressources variées pour l'alimentation de la famille. Il convient donc de montrer les soins à donner au jardin potager, où se créent les ressources, avant d'enseigner l'art de la cuisine, qui les met en œuvre.
Les écoles d'adultes ayant une école ménagère sont au nombre de neuf :
Pepinster, Verviers, Liége, Louvain, Courtrai, Gand, Houdeng-Aimeries, Boussu, Coujeux (Dinant).

Écoles ménagères proprement dites.

Il nous reste à parler de l'école ménagère spéciale.

Les premières écoles ménagères furent établies en 1874 par le prince de Chimay, alors gouverneur du Hainaut.

Il publia à cette époque une brochure sur la nécessité des écoles ménagères, et il fonda à Couillet, avec l'aide de M. Smits, directeur de l'usine de Couillet, une école modèle dont nous joignons le règlement.

D'autres écoles se fondèrent sur le modèle de celle de Couillet :

A Frameries, à Cuesmes, à Wasmes, à Boussu, à Pâturages, à Wiers, à Mont-sur-Marchienne, à Gilly, à Carnières.

Au concours international de Paris, le jury décerna une médaille d'argent à M. le prince de Chimay pour l'exposition des travaux des écoles ménagères du Hainaut.

Des écoles ménagères privées se sont annexées dans une foule de localités, entre autres :

A Alost et à Jemmapes;

A Châtelet, au couvent des sœurs de Sainte-Marie;

A Haine-Saint-Pierre, par les soins de la Société des charbonnages de Houssu;

A Frameries, à l'école des sœurs de la Providence;

A Louvain, à l'école des sœurs du Sacré-Cœur;

A Mont-sur-Marchienne, à l'école des sœurs de la Providence;

A Mons, aux écoles communales;

A Malines, aux écoles communales;

A Marchienne, à la Société de la Providence;

A Morlanwelz, à l'école communale et à l'école libre;

A Soignies, à l'école de couture;

A Tirlemont, à l'orphelinat des filles.

La Commission du travail ne pouvait se désintéresser d'une question aussi utile. Elle fut l'objet d'un rapport spécial de M. le comte A. d'Oultremont.

Il adoptait les conclusions suivantes :

I. — Il est utile que l'État, les provinces et les communes contribuent par leurs subsides à l'établissement et au maintien des écoles ménagères.

II. — Le gouvernement engagera les communes à adjoindre aux écoles communales ou adoptées pour filles une section ménagère. Dans ce cas, cette section aura un personnel spécial.

III. — La section ménagère pourra adopter le règlement qui régit les écoles ménagères établies par M. Smits à l'établissement de Couillet, sauf la modification suivante :

Remplacer au paragraphe 2 de l'article 3 les mots :

« ..... à l'âge de quatorze ans, elles quittent définitivement . l'école et il leur est délivré, ... »

par les mots :

« ..... Lorsqu'elles quittent définitivement l'école, il leur est délivré, s'il y a lieu, un certificat de capacité. »

IV. — Les enfants pauvres devront être admis gratuitement dans cette section.

L'Œuvre des écoles professionnelles, qui fut fondée à Bruxelles sous l'initiative du comte d'Oultremont, n'avait pas seulement en vue l'établissement des écoles de métiers, mais aussi celui des écoles ménagères, et l'on institua un comité de dames chargées d'organiser ces écoles.

La première fondée fut celle d'Ixelles, qui est restée une école modèle.

Bientôt le comité de l'enseignement professionnel des femmes établit à son tour, rue de la Chapelle, une école ménagère.

Nous joignons les programmes de ces deux écoles-types. Ils donnent sur l'histoire et l'organisation de ces écoles des renseignements et des détails qui, en résumé, sont ceux des écoles similaires. Nous joignons également le règlement de l'école de Couillet et celui de l'école ménagère établie à Morlanwelz, par le comité des écoles catholiques.

Règlement de l'école ménagère à l'établissement de Couillet.

ART. 1er. L'école a pour but de donner aux jeunes filles toutes les connaissances que doit posséder une bonne ménagère. La première condition pour y être admise est de savoir lire, écrire et calculer.

Elle se recrute principalement, et par préférence, parmi les élèves de l'école primaire.

ART. 2. Aucune élève ne peut être reçue si elle n'a atteint l'âge de douze ans révolus.

ART. 3. Les élèves doivent prendre l'engagement de demeurer à l'école ménagère deux années consécutives.

A l'âge de quatorze ans, elles quittent définitivement l'école, et il leur est délivré, s'il y a lieu, un certificat de capacité.

Les élèves sont tenues de suivre les exercices de l'école dominicale.

Art. 4. On enseignera tour à tour aux élèves les divers travaux du ménage, et elles seront, à cet effet, divisées par sections. Un tableau indiquera l'ordre de roulement des travaux; ceux-ci sont divisés comme suit :

1° Ménage de cuisine ;

2° Lavage et repassage;

3° Couture à la main, couture à la mécanique, etc.;

4° Tricotage ;

5° Soins médicaux, pansements, hygiène.

Plusieurs sections pourront être employées exceptionnellement aux mêmes travaux, si la directrice de l'école le juge convenable.

Art. 5. Toute élève aura un tricot commencé, afin de le prendre en mains chaque fois que les travaux de la section éprouveront une interruption.

Elles apporteront leur tricot en venant à l'école.

Art. 6. Les classes se tiennent tous les jours de la semaine, sauf les dimanches et les jours fériés, de 8 heures du matin à midi, et de 1 à 5 heures du soir. Ces heures peuvent, du reste, être modifiées suivant les différentes époques de l'année.

Art. 7. Un jour par semaine, à désigner par la directrice, il sera permis aux élèves de la section de couture d'apporter du linge et des vêtements qui seront raccommodés par elles, pendant les heures de classe.

A défaut d'objets vieux, on leur permettra de confectionner des vêtements neufs. Si d'autres sections se trouvaient libres, la direction pourrait étendre à elles le bénéfice du paragraphe qui précède.

Art. 8. Les élèves doivent s'abstenir de toute conversation en dehors des exigences du service; elles se borneront à s'entretenir exclusivement des travaux qui leur sont confiés.

Pendant la durée de chaque classe, il sera accordé un quart d'heure de récréation.

Art. 9. Les élèves suivront, avec la plus stricte exactitude, les instructions qui seront données par la directrice pour l'exécution des travaux; toute infraction à ses ordres sera punie.

Art. 10. Les élèves doivent avoir une bonne tenue, et se conduire d'une manière exemplaire, tant à l'école qu'au dehors.

Art. 11. Les élèves qui ne fréquenteraient pas régulièrement l'école, ou qui n'observeraient pas les prescriptions du règlement, seront d'abord rappelées à l'ordre, puis punies, et enfin, en cas de récidive, renvoyées de l'école.

École ménagère d'Ixelles instituée par un comité de dames de Bruxelles.

Présidente : S. A. R. Mme la comtesse de Flandre.

Vice-Présidentes : { Mmes la comtesse Louis de Mérode, 25, rue aux Laines.
Vermeren-Coché, 135, chaussée de Wavre.

Conseillères : { Mmes la baronne Van de Woestyne, 30, rue des Arts.
Jules Godefroy, 27, rue Caroly.

Secrétaire : Mme la comtesse John d'Oultremont, 23, rue Bréderode.

Trésorière : Mme la comtesse Adrien d'Oultremont, 98, rue de Trèves.

ÉCOLE MÉNAGÈRE D'IXELLES, *ayant pour objet d'enseigner aux jeunes filles de la classe ouvrière, la tenue du ménage et la pratique des divers travaux que doit connaître la mère de famille.*

L'école d'Ixelles a été ouverte, le 1er mai 1888, dans un petit local dépendant d'une école primaire communale de filles et octroyé gratuitement, ainsi qu'un subside de 200 francs, par l'administration de la commune.

Les fonds nécessaires à son fonctionnement ultérieur proviennent de souscriptions volontaires.

L'école a été organisée par un comité de dames présidé par S. A. R. Mme la Comtesse de Flandre, qui porte à l'entreprise l'intérêt le plus vif et le plus actif. Le comité a établi déjà plusieurs écoles semblables, et de nombreuses demandes lui parviennent chaque jour de toutes les parties du pays.

L'école d'Ixelles ne possède, jusqu'à présent, qu'une seule maîtresse, elle-même mère d'une famille de six filles et femme d'un honnête ouvrier; elle travaille avec les enfants qu'elle est chargée d'enseigner et leur apprend à faire le ménage du travailleur. Ses appointements sont de 50 francs par mois.

L'administration communale ayant promis à l'école un local plus vaste, dont elle doit jouir à bref délai, il arrivera immanquablement que l'enseignement s'étendra et que l'unique maîtresse deviendra insuffisante; mais jusqu'à présent elle a suffi à une population de 88 à 90 élèves.

La directrice de l'école primaire dans les locaux de laquelle fonctionnent les cours ménagers, a été autorisée à en accepter la haute surveillance, les dames du comité venant la visiter à leur choix et fréquemment.

L'annonce de l'ouverture des cours pratiques de ménage a été accueillie très favorablement par la population ouvrière de la commune.

De 40 élèves inscrites au début, le nombre des petites ménagères s'éleva promptement à 80, qui ne put être dépassé malgré les demandes d'admission, vu l'exiguïté du local.

Les élèves, âgées de douze à quinze ans, appartiennent aux écoles primaires tant communales que privées; cependant l'école est accessible à toutes, et la qualité d'élève d'école primaire n'est pas nécessaire pour obtenir d'y être admise. Les enfants se succèdent par groupes de 7 ou 8 au plus, qui se renouvellent trois fois par jour de manière que chaque fillette fréquente l'école deux fois par semaine.

L'enseignement est absolument gratuit; il comprend : la cuisine de l'ouvrier basée sur un ménage de 7 personnes; l'entretien du local et du matériel; la lessive et le repassage du linge que la crèche, voisine de l'école, veut bien mettre à sa disposition.

Lorsque les locaux plus vastes promis par l'administration communale nous seront accordés, un cours de couture et surtout de raccommodage sera annexé aux cours ménagers. On y adjoindra également des conférences régulières sur l'hygiène domestique, les soins à donner aux malades et aux enfants, et la comptabilité de la mère de famille.

Il est difficile, après dix mois seulement de fonctionnement, de pouvoir apprécier les résultats d'une entreprise aussi nouvelle que celle de nos écoles ménagères. Ce n'est guère que lorsque la première génération de nos petites élèves aura pris sa place parmi les femmes de nos ouvriers, que l'on pourra juger si l'enseignement ménager a produit quelque bien. Cependant, on peut constater dès maintenant l'impulsion que nos exercices pratiques donnent à l'activité des fillettes, et aussitôt les classes de l'école primaire terminées, on les voit accourir à l'école ménagère avec autant d'empressement que s'il s'agissait de la plus joyeuse des récréations. Il est vrai que « jouer ménage » a toujours été la distraction favorite des petites filles. Mais si la pratique du ménage véritable que leur enseigne l'école ménagère leur donne le goût des occupations utiles, ce sera là un résultat des plus sérieux.

Pour terminer, disons que l'école ménagère d'Ixelles a servi tout cet hiver en moyenne à 50 enfants tous les jours le repas de midi, composé de deux portions, dont deux jours par semaine une portion de viande, moyennant 5 centimes la portion. De ce fait, l'école a encaissé, pendant ses dix mois d'exercice, la somme de 397 fr. 52 c.

Les dépenses totales de cuisine s'étant élevées à 612 fr. 68 c., ont donc été plus qu'à moitié couvertes, et en réalité ont été réduites à 215 fr. 16 c.

Mais le bien-être que nous procurons ainsi aux enfants pauvres n'est-il pas au détriment des élèves de notre cours du matin qui, au lieu de préparer le repas d'une famille de 7 personnes, se trouvent faire la cuisine d'un restaurant économique? Pour parer à cet inconvénient sans sacrifier le repas que l'on nous demande si instamment, il faudrait que le roulement des groupes d'élèves fût tel que chacun à son tour fît la besogne de la matinée. La solution de cette question très sérieuse dépendra d'une entente entre l'échevinat de l'instruction publique et les directrices des différentes écoles de la commune. Sera-t-il possible d'y parvenir?

Compte détaillé des dépenses nécessitées par l'installation de l'école ménagère d'Ixelles au mois de mai 1888.

Un fourneau fonte . . . . . fr.	89 00
Bac à charbon	2 40
Balai de cheminée	1 25
Une paire de pincettes	1 25
Un tisonnier	0 75
Une pelle	0 50
Une ramassette	1 00
Une chaudière (douche) . . .	50 00
Coudes et tuyaux	4 50
2 tables bois blanc	21 00
8 chaises à 3 francs	24 00
14 broches porte-manteaux . . .	1 40
Deux planches avec consoles . . .	8 50
Une armoire	26 00
Placement	4 80
3 cuvelles	36 00
Un trépied	4 00
2 seaux fer galvanisé	2 00
Un arrosoir	4 50
Un bac à savon	0 55
Une charbonnière ·	1 25
Une planche à repasser	8 00
2 tréteaux	12 00
Une couverture en laine . . .	8 00
2 paniers à linge	5 00
6 fers à repasser	7 80
2 supports	3 00
Une brosse, appartement . . .	1 25
A reporter . . fr.	329 70

Report . . fr.	329 70
Une brosse à main	1 25
Une brosse piassava	1 00
2 brosses à récurer	2 50
Une brosse pour poêles	0 90
Une brosse tête de loup	1 50
5 manches de brosses	2 25
Une pièce torchons à nettoyer . .	3 00
Une lavette flamande	0 50
2 petits séchoirs	3 00
Un marteau	1 25
Une escouppe	1 10
12 essuie-mains	7 50
12 torchons	6 00
12 tabliers et manches	14 50
Un moulin à café	6 25
Un ramponneau à café	0 30
Une bouilloire fer étamé . . .	4 50
Une mesure, once et demi-once . .	0 25
Une planche à couteaux . . .	1 25
2 ronds en bois	0 80
Un bac à hache	1 50
Un couperet	1 50
Un écrase-pois	0 50
2 cuillers de bois	0 58
Une boîte à sel	0 65
Un poêle à frire	1 25
Un bassin fer étamé	1 00
A reporter . . fr.	396 28

Report. . fr. 396 28		Report. . fr. 426 56
2 baquets en zinc.	0 60	Une louche émaillée. 0 60
12 couteaux de table	6 00	Un écumoir 0 55
12 couverts fer étamé	7 20	Une passoire 2 00
6 cuillers à café .	0 88	12 assiettes 1 50
Un couteau à pain	1 50	12 jattes à café 1 00
2 couteaux à peler les pommes de terre.	0 70	12 verres 1 00
Une casserole fait-tout .	2 10	Un pot au lait 0 25
Une casserole plus grande.	3 00	Une cafetière 0 50
Une marmite à soupe	3 25	2 grands bols. 1 00
3 couvercles étamés.	1 85	Un pot à café 0 60
Un poêlon à queue	1 20	Un saladier 1 00
Un poêlon à oreilles .	2 00	2 salières 0 40
A reporter. . fr. 426 56		Total . . fr. 441 36

Compte détaillé des dépenses des dix premiers mois d'exercice.

1888.	MATÉRIEL COMPLÉMENTAIRE.	CHAUFFAGE.	DÉPENSES DE CUISINE.	Reçu repas de midi.
Mai.	2 nappes . . . 3 00	23 50	27 17	3 53
Juin.	Vaisselle . . . 5 87		53 06	19 94
	Banquette . . 24 00	1 50		
Juillet.	4 fers à repasser. 5 00		44 08	14 05
Août.		23 50	27 18	
Septembre.	Vaisselle . . . 1 04		26 75	9 20
Octobre.		2 15	63 24	44 10
Novembre.	Casserole . . . 8 80	6 50		
	6 couteaux . . 0 60	0 30	93 15	94 10
Décembre.	2 couvertures . 6 00			
	Casserole . . . 3 90	24 25	71 48	33 25
1889.				
Janvier.	Tamis. . . . 1 96	Ramonage 1 00	97 22	80 85
Février.	Vaisselle . . . 2 80	9 25	109 35	98 50
	Fr. 62 97	Fr. 91 95	612 68	397 52

RÉCAPITULATION.

Frais d'installation.	. fr. 441 36
Matériel complémentaire.	62 97
Chauffage pendant dix mois .	91 95
Dépenses de cuisine, déduction faite des recettes du repas de midi, soit	215 16

Francs 612.68
moins 397.52
Francs 215.16

Gages de la maitresse-ménagère à raison de 50 francs par mois. 10 mois = 500 francs.

ÉCOLE PROFESSIONNELLE ET MÉNAGÈRE, PLACE DE LA CHAPELLE, 3, BRUXELLES.

Réponses aux paragraphes III et IV, concernant les écoles professionnelles et ménagères.

Nature de l'école. — L'école professionnelle et ménagère est instituée par l'association pour l'enseignement professionnel des femmes.

Fondateurs. — Cette association, fondée à Bruxelles en 1865, a un conseil d'administration composé comme suit :

Président : M. Buls, bourgmestre.

Vice-présidents : M. Aug. Couvreur, ancien représentant; M. E. André, échevin de l'instruction publique.

Secrétaire-trésorier : M. Lafontaine, avocat.

Secrétaire adjoint : M. Errera, avocat.

Membres : MM. Van Schoor, ancien sénateur; Wiener, conseiller provincial; De Vergnies, président de la Banque de Belgique; Hippert, juge au tribunal de 1re instance; Montéfiore-Lévi, sénateur; Anspach-Puissant, représentant; Van Ysendyck, architecte; Steens, conseiller communal; Pilloy, conseiller communal; Janssens, architecte.

Comité. — Le comité de l'école professionnelle et ménagère est composé comme suit :

Président : M. Aug. Couvreur.

Vice-présidents : M. E. André; M. P. Tempels, auditeur militaire.

Secrétaire-trésorier : M. E. Delhasse, avocat.

Secrétaire adjoint : M. Lacomblé, avocat.

Membres : MM. De Vergnies; Germain, directeur général au ministère de l'intérieur et de l'instruction publique; Heyvaert, conseiller communal; Janssens, architecte; Jottrand, avocat; Errera, avocat.

Professions. — L'école professionnelle et ménagère embrasse deux professions : celle de confectionneuse et celle de blanchisseuse-repasseuse.

But de l'école. — L'école poursuit un triple but :

1° Faciliter aux élèves l'accès d'une profession, d'un métier ou d'un état approprié aux forces et aux aptitudes du sexe féminin, et pouvant leur assurer une position indépendante;

2° Initier les jeunes filles aux divers travaux domestiques, afin de les préparer à diriger leur ménage avec intelligence, ordre et économie;

3° Approfondir et développer les connaissances acquises à l'école primaire, tirer de ces connaissances tout ce qu'elles peuvent avoir d'utile : poursuivre le développement des facultés intellectuelles et morales des élèves; élever l'esprit, éclairer la conscience, rendre la volonté ferme, juste et bonne.

Nombre d'élèves. — L'école professionnelle et ménagère, n'étant ouverte que depuis le 3 septembre 1888, n'a pas d'histoire. Elle compte 25 élèves.

Conditions d'admission. — Ne sont admises à l'école que les élèves âgées de douze ans au moins, et possédant les connaissances de l'enseignement primaire. Le minerval est fixé à 5 francs par mois, payables par anticipation.

Division des cours. — Les cours comprennent :

A. Les cours professionnels :

I. — Lingerie et confection;

II. — Lavage, blanchissage et repassage.

B. Les cours généraux :

Langue française; langue flamande; arithmétique; comptabilité; formes géométriques; dessin géométrique; dessin; histoire et géographie; sciences naturelles; hygiène et économie domestique; pédagogie maternelle; chant et gymnastique.

C. Les travaux du ménage :

I. — Raccommodage de vêtements et travaux de couture les plus nécessaires dans un ménage; remaillage de bas, etc.;

II. — Cours de cuisine;

III. — Occupations ménagères diverses : Entretien de la propreté de l'habitation et des meubles; lavage d'objets de lingerie et de toilette, etc.

Recrutement du personnel. — Le personnel enseignant se compose d'une institutrice chargée des cours généraux, d'une maitresse confectionneuse et d'une maitresse blanchisseuse. La première est ancienne élève de l'école normale de la rue des Visitandines, à Bruxelles ; la seconde a obtenu un diplôme de commerce, un diplôme de lingerie et un diplôme de confection à l'école professionnelle de la rue du Marais.

Pour le cours de blanchissage, le recrutement a été d'autant plus difficile que, jusqu'ici, il n'existait pas d'école où cette profession fût enseignée. Généralement, les personnes exerçant cette profession n'ont ni l'éducation, ni les aptitudes voulues pour l'enseignement.

Distribution du travail. — La matinée est consacrée aux cours professionnels de 8 1/2 à 11 3/4 heures avec récréation de 10 à 10 1/4 heures. Les cours généraux se donnent l'après-midi, de 2 à 4 3/4 heures, avec récréation de 3 1/2 à 4 heures.

Travaux du ménage. — La partie pratique des cours d'économie domestique se fait, autant que possible, pendant les récréations. A cet effet, l'institutrice partage ses élèves par groupes pour leur faire exécuter les travaux de lavage et de nettoyage qu'elle leur a montrés à son cours théorique. Ces travaux du ménage sont organisés de telle façon que les élèves confectionneuses reçoivent des leçons de repassage et de blanchissage, et que les élèves blanchisseuses sont initiées aux travaux de couture les plus importants.

Cuisine. — Chaque leçon de cuisine comprend une partie théorique et une partie pratique :

Partie pratique. — Préparation : 1° d'une soupe; 2° d'une viande ou d'un poisson; 3° de légumes et de pommes de terre; 4° d'un plat de douceur ou d'un remède.

Partie théorique. — Les explications données a chaque leçon se rapportent directement à la partie pratique et portent sur les points suivants :

1° Motiver les opérations culinaires;

2° Justifier la composition du menu au point de vue du prix, des propriétés nutritives des mets, de leur digestibilité;

3° Calculer le prix de revient par personne;

4° Modifier le menu d'après un prix déterminé pour le mettre à la portée d'un ménage d'ouvriers (remplacement d'un morceau de viande par un autre, suppression ou remplacement d'un légume, emploi de la graisse au lieu de beurre;

5° Indiquer le meilleur parti à tirer des restes d'un repas.

A propos du choix de la viande, on indique les morceaux convenant le mieux pour rôtir, griller, étuver ou bouillir, et le moyen de reconnaitre si la viande est fraiche et de bonne qualité. Les mêmes remarques sont faites au sujet du poisson.

Tout en surveillant la cuisson des aliments, les élèves se livrent à des occupations diverses concernant l'entretien des ustensiles de cuisine, la mise de la table, etc. Après le repas, elles sont chargées du lavage de la vaisselle, de la mise en ordre de la cuisine et de la salle à manger.

Toutes les élèves sont initiées à la manière de faire les provisions et de les conserver. Elles font les achats, guidées par l'institutrice, soit au marché, soit chez les fournisseurs.

Le cours de cuisine, qui se donne à trois époques différentes de l'année, permet aux élèves de préparer les menus variant d'après les saisons; de cette manière, elles passent en revue successivement les diverses préparations de viandes et de légumes exigées par l'hygiène d'une bonne alimentation.

La directrice,
Mme CLAEYS.

École ménagère établie par le comité des écoles catholiques à Morlanwelz
(Hainaut-Centre).

A. Budget.

Frais d'installation.	2,266
Budget annuel.	3,120

B. Nombre des élèves.

Le nombre des élèves s'élève à 36.

C. Durée de l'enseignement.

La durée des cours est de deux années. Les élèves fréquentent les classes tous les jours de 7 heures du matin à 6 heures du soir, excepté pendant les vacances et les jours de congé ordinaires.

D. Cours donnés.

1° Économie domestique, hygiène; 2° horticulture; 3° couture.

A. Cours théorique comprenant :

Les qualités de la bonne ménagère, conditions que doit réunir une habitation pour être saine, etc. (Voir Eeyart, 2e édition, programme du gouvernement.)

B. Cours pratique :

Chaque jour, 4 élèves prises en suivant le numéro d'ordre doivent s'exercer aux travaux du ménage et à la pratique de l'art culinaire d'après le programme suivant :

Chaque jour :

7 heures : Allumer le feu.

7 1/4 heures : Éplucher les pommes de terre, les légumes; les laver.

8 1/2 heures : Mettre la soupe au feu. Laver la vaisselle du déjeuner.

8 1/2 heures : Enlever la poussière des meubles.

9 heures : Mettre le légume au feu, surveiller le feu, le potage.

9 1/2 heures : Hacher les légumes pour la soupe, la passer, la faire recuire.

10 heures : Nettoyer les lampes, les bougeoirs.

10 1/2 heures : Faire cuire la viande.

11 heures : Faire cuire les pommes de terre, dresser la table.

11 1/2 heures : Préparer les assiettes et porter la soupe pour l'école gardienne.

11 3/4 heures : Préparer la bière, servir le dîner pour les élèves de l'école ménagère.

12 heures : Dîner.

12 1/2 heures : Laver la vaisselle, remettre le tout en ordre, nettoyer le poêle, balayer la cuisine.

2 heures : Retourner à l'école de couture.

Programme spécial.

Lundi, 7 heures : Triage et trempage du linge, préparation du feu et de la chaudière.

8 heures : Retourner à l'école de couture.

1 1/2 heure : Fabrication et cuisson du pain. Nettoyer et remettre les ustensiles en ordre.

4 heures : Retourner à l'école de couture.

Mardi, 7 heures : Allumer le feu sous la chaudière, essanger le linge, le faire bouillir, le laver complètement.

Mercredi, 7 heures : Rincer et sécher le linge. Nettoyer les cuvelles, remettre le tout en ordre.

Jeudi, 1 1/2 heure : Repassage du linge.

Vendredi, 7 heures : Nettoyer les ustensiles de cuisine, armoires, étagères.

Samedi, 7 heures : Nettoyer les poêles, les chaises, les salles et lieux d'aisance.

Leçons théoriques et pratiques d'horticulture, une ou deux fois la semaine, selon le temps et les saisons, dans le jardin annexé à l'école ménagère.

Leçons théoriques et pratiques de couture, d'après les divisions suivantes :

Les deux années d'étude sont divisées en trois degrés.

1er degré.

Tricot de bas, tricot à jour, bordure à jour. Marque, couture, les différents points, ourlets, couture, piqûres, ourlet roulé, ourlet surjeté, ourlet piqué, ourlet à jour, faux ourlet.

Coutures différentes, fronces, boutonnières, œillets.

Coupe et confection du linge de literie, tabliers, chemise de femme, rapiéçage du linge et des vêtements, tapisserie, crochet.

2e degré.

Tricot de jupon, gilet, mitaines, gants, prises des mesures, tracé des patrons, coupe et confection de pantalon de fillette, de vêtements de nuit, gilet de flanelle, cache-corset, robe d'enfant, chemise d'homme, ravaudage et remmaillage des bas, reprises treillagées sur toile et linge de table, broderie.

3e degré.

Coupe et confection de pantalon et veste de petit garçon, peignoir de jeune fille, robe de jeune fille, costume et confection, usage de la machine à coudre.

RÉSUMÉ ET CONCLUSIONS.

Nous avons dressé le tableau exact de l'apprentissage en Belgique, nous en avons indiqué les côtés défectueux comme nous avons mis en relief et en pleine lumière les côtés brillants.

Notre enquête n'a pu porter que sur l'enseignement professionnel et sur les cours techniques, puisque seuls ils offrent une organisation régulière.

De cet enseignement et de ces cours, nous avons montré l'esprit qui avait présidé à leur formation et nous sommes entré dans le détail de leur organisation.

Cependant, nous avons dû négliger, faute de documents suffisants, certaines écoles libres, comme l'école de Maltebrugge lez-Gand, qui, créée et maintenue par le comte de Hemptine, a montré aux expositions d'Anvers et de Bruxelles, par des travaux remarquables, ce que pouvait un enseignement rationnel; nous avons négligé certains cours, comme ceux de la corporation des métiers de Louvain, pour cordonniers, vitriers et menuisiers, comme ceux de la Maison des ouvriers de Bruxelles, pour cordonniers et menuisiers,

Nous devons nous contenter de signaler l'enseignement professionnel dans les écoles de réforme et dans les orphelinats, et de résumer en quelques lignes le développement de l'enseignement agricole et de l'enseignement commercial.

Les écoles d'enseignement agricole comprennent :

L'école de médecine vétérinaire de l'État, à Cureghem ;

L'institut agricole de l'État, à Gembloux ;

L'institut agronomique annexé à l'université de Louvain ;

L'école théorique et pratique d'horticulture à Gand, dont nous joignons le rapport.

L'école d'horticulture de Liége, rue du Laveu ;

L'école d'horticulture de Liége, rue Naimette ;

L'école d'arboriculture et d'horticulture de Vilvorde ;

Les conférences agricoles publiques et gratuites, qui se sont élevées au chiffre de 12,679, de 1872 à 1884.

L'enseignement commercial se donne :

A l'institut supérieur de commerce d'Anvers ;

Dans les sections commerciales des établissements d'enseignement moyen ;

Aux écoles de navigation d'Ostende, de Nieuport et d'Anvers ;

A l'école des mousses à Ostende.

Si maintenant nous groupons les chiffres des écoles que nous avons énumérées, nous voyons que la Belgique compte environ 90 écoles professionnelles, écoles industrielles, écoles Saint-Luc, écoles professionnelles de filles, 16,000 élèves environ les fréquentent et 950,000 francs sont consacrés à cet enseignement.

Que dans dix ans on s'arrête de nouveau pour considérer le chemin parcouru dans l'enseignement professionnel et dans l'apprentissage, et l'on verra ce chemin transformé et agrandi. L'initiative privée et les pouvoirs publics sont prêts à diriger leurs efforts vers le développement de l'enseignement professionnel ; les corps de métiers reconnaissent son absolue nécessité pour chaque profession. De ce mouvement sortira, avant peu de temps, une organisation complète de l'enseignement professionnel et de l'apprentissage.

Le questionnaire de l'exposition d'économie sociale comprend, quant à l'apprentissage, un troisième chapitre :

Les sociétés de patronage, leur organisation, leurs statuts, leurs règlements, les procédés mis en œuvre pour surveiller l'exécution du contrat écrit ou verbal d'apprentissage, etc.

Les sociétés de patronage créées spécialement et uniquement en vue de placer les enfants en apprentissage n'existent pas en Belgique. Un essai a été tenté à Liége par le Denier des écoles libérales, mais il n'a jamais eu un développement suffisant pour faire l'objet d'une étude.

D'autre part, il existe en Belgique une quantité considérable de patronages catholiques qui réunissent les jeunes apprentis le dimanche et le jeudi. Des cours littéraires et scientifiques, des instructions morales et religieuses leur sont donnés. En outre, les comités directeurs placent les jeunes gens en apprentissage.

Ces patronages se comptent par centaines et rendent à la classe ouvrière de précieux services. Ils enlèvent à la rue et aux vices qui s'y contractent les jeunes gens et en font de bons et honnêtes ouvriers.

Il n'est pas de ville en Belgique qui ne compte plusieurs de ces patronages. Liége en a cinq, Verviers trois, Bruxelles cinq.

Ils naissent par le dévouement et se soutiennent par la charité.

Notre enquête est terminée.

Sans doute, la Belgique a beaucoup à créer dans cette vaste, difficile et utile question de l'apprentissage. Mais elle y tient son rang comme dans les autres questions sociales.

Rien n'échappe à son attention. Là où elle est en défaut, elle se prépare à modifier, à perfectionner, à améliorer.

Depuis trois ans, les questions sociales et ouvrières sont en tête des questions qui préoccupent notre pays.

La Belgique peut montrer avec fierté le travail accompli et donner rendez-vous, sans crainte, aux autres nations aux prochaines assises de l'économie sociale!

DOCUMENTS, BROCHURES ET RAPPORTS.

1. — Rapport sur la situation de l'enseignement industriel et professionnel en Belgique, présenté aux Chambres législatives, le 7 mai 1886, par le Ministre de l'agriculture, de l'industrie et des travaux publics.

2. — De l'enseignement professionnel dans ses rapports avec l'enseignement primaire en Belgique, par M. de Ridder, professeur à l'université de Gand.

3. — De l'apprentissage et de l'enseignement professionnel, par M. Alexandre Bouvy.

4. — Historique de l'école professionnelle des tailleurs, rue du Bois-Sauvage, à Bruxelles.

5. — Rapport sur le projet d'une école professionnelle à Gand, par M. De Vylder, ingénieur des ponts et chaussées.

6. — Règlement organique de l'école professionnelle de garçons, à Gand.

7. — Règlement de l'école professionnelle de brasserie, à Gand.

8. — Règlement de la Société des brasseurs belges.

9. — Statuts et règlement de l'école professionnelle de typographie, à Bruxelles.

10. — Règlement organique de l'école professionnelle des tailleurs, à Bruxelles.

11. — Rapport et budget de l'école professionnelle des tailleurs, à Bruxelles.

12. — Rapport et règlement de l'école professionnelle pour jeunes filles, rue du Marais, à Bruxelles. Programme de ladite école.

13. — Programme de l'école professionnelle pour jeunes filles, rue du Poinçon, à Bruxelles.

14. — Rapport, règlement et programme de l'école professionnelle pour jeunes filles, à Verviers.

15. — Programme de l'enseignement de l'économie domestique et des travaux du ménage, publié par le Ministère de l'intérieur et de l'instruction publique.

16. — Programme et règlement des examens de capacité pour l'enseignement des travaux à l'aiguille dans les écoles normales et dans les écoles primaires, publié par le Ministère de l'intérieur et de l'instruction publique.

17. — Organisation, règlement et rapport sur l'école pratique d'horticulture de l'État, à Gand.

18. — Tableau statistique des écoles adoptées qui ont une section ménagère.

19. — Questionnaire de la section IV, groupe 11; économie sociale.

20. — Programme des cours des écoles moyennes de filles relativement aux ouvrages manuels.

TABLE DES MATIÈRES

ENSEIGNEMENT INDUSTRIEL ET PROFESSIONNEL

N° d'ordre	ÉCOLES ÉTABLIES A	DATE de la création	MONTANT des subsides accordés	ENSEIGNEMENT SPÉCIAL DANS CHAQUE ÉCOLE	DURÉE des études	NOMBRE d'élèves en 1888
				Écoles industrielles.		
1	Anvers	1870	24,767 35	Machines à vapeur, peinture d'imitation de bois et marbres	5 ans	340
2	Arlon	1872	8,391 00	Peinture et sculpture industrielles	5 —	104
3	Ath	1871	7,590 00	Coupe de pierres	5 —	113
4	Bruges	1855	9,040 00	Modelage et dessin industriels	3 —	98
5	Bruxelles	1820	115,048 50	Mécanique et machines à vapeur, dessin de machines et dessin pour les ouvriers en bâtiment	5 —	436
6	Charleroi	1845	29,2[illegible] 00	Mécanique et conduite des machines à vapeur, métallurgie, exploitation des mines, topographie, électricité pratique, construction, dessin, modelage, manipulations chimiques	2 —	819
7	Châtelet	1870	11,021 13	Mécanique, construction, exploitation des mines, métallurgie	3 —	620
8	Courtrai	1886	10,013 78	Arpentage, peinture, imitation de bois et marbres, cours de chauffeurs et conducteurs de machines à vapeur, tissage	1 —	336
9	Florennes	1887	2,500 0[illegible]	Mécanique, constructions civiles	3 —	54
10	Fontaine-l'Évêque	1887	4,500 00	Exploitation des mines	3 —	134
11	Furnes	1824	1,832 10	Dessin et ses applications à l'industrie, constructions	4 —	29
12	Gand	1833	33,328 00	Photographie, dessin ornemental, dessin artistique, histoire de l'art ornemental, tissage et filature, dessin, cours sur...	Variable	1,105
13	Gosselies	1881	4,050 00	Mécanique, émaillage et peinture sur émail	3 ans	293
14	Hasselt	1864	11,068 33	Dessin	5 —	108
15	Herstal	1861	8,500 00	Exploitation des mines, lever et dessin des plans des mines, machines à vapeur	3 —	201
16	Huy	1858	11,961 00	Machines à vapeur	5 —	136
17	Jamioulx	1858	1,446 00	Mécanique, dessin	3 —	220
18	Jemappes	1880	6,455 00	Exploitation des mines, levé des plans des mines et machines à vapeur	3 —	291
19	Jumet	1857	9,570 00	Id. machines à vapeur	3 —	390
20	La Louvière	1888	8,480 00	Métallurgie, constructions civiles, exploitation des mines, arpentage, modelage, peinture sur faïence et porcelaine	3 —	186
21	La Louvière-Saint-Joseph	1888	11,500 00	id. id. id.	3 —	295
22	Liège	1825	32,724 00	Construction, machines à vapeur, armurerie, exploitation des mines	5 —	561
23	Louvain	1876	11,277 83	Résistance des matériaux, technologie, peinture d'imitation de bois et marbres, cours de menuiserie, mécanique et chimie agricole	3 —	152
24	Marchienne-au-Pont	1875	13,502 45	Dessin et ses applications à l'industrie et au tracé des machines, arpentage	3 —	5[illegible]
25	Morlanwelz	1879	14,801 00	Arpentage, lever des plans des mines, exploitation des mines, résistance des matériaux, construction des machines, machines à vapeur, technologie, constructions civiles	5 —	5[illegible]
26	Namur	1861	12,135 00	Mécanique, construction, coupe de pierres	5 —	469
30	Saint-Ghislain	1888	7,550 00	id. mécanique industrielle, comptabilité	3 —	508
31	Seraing	1868	13,300 00	Constructions civiles, chauffage des chaudières, métallurgie, mécanique	5 —	358
32	Soignies	1880	10,951 00	Coupe des pierres, modelage, architecture	5 —	193
33	Tournai	1840	21,000 90	Constructions mécaniques et fonderie, menuiserie, chaudronnerie	3 —	103
34	Verviers	1862	23,575 00	Tissage, teinture, fabrication, technologie lainière	5 —	521
35	Ypres	1867	4,192 29	Art décoratif	5 —	147
	TOTAUX		552,000 73			11,195
				Écoles professionnelles.		
				A. — Jeunes filles.		
1	Anvers	1874	11,5[illegible] 00	Commerce, confection, lingerie, fleurs artificielles, dessin, peinture sur porcelaine et sur ivoire	3 ans	241
2	Bruxelles, rue du Marais	1875	58,100 00	Dessin pour dentelles, peinture sur porcelaine et sur étoffes, robes et confections, lingerie, fleurs artificielles et commerce	3 —	433
3	Id. cité du Poinçon	1875	21,800 00	Commerce, confection, lingerie, dessin pour dentelles, broderie, dessin	3 —	353
4	Mons	1880	21,600 00	Lingerie, peinture sur céramique, confection, fleurs artificielles, commerce	3 —	110
5	Verviers	1887	7,588 00	Coupe et confection, commerce, dessin, peinture	3 —	167
	TOTAUX		152,888 00			1,304
				B. — Garçons.		
1	Bruxelles Saint-Luc	1887	8,287 00	Art industriel, ornement, décoration, architecture	?	170
2	Id. horlogerie	1887	13,000 00	Horlogerie pratique et théorique, petite mécanique, instruments de précision, électricité	4 ans	38
3	Id. tailleurs	1880	12,841 25	Confection et coupe	3 —	35
4	Id. typographes	1880	8,200 00	Typographie	5 —	58
5	Courtrai	1886	3,022 00	Tissage	3 —	21
6	Flandre orient. ateliers d'apprent.	—	12,886 00	Tissage	—	229
7	Flandre occid. id	—	46,247 71	Tissage	—	668
8	Gand Saint-Luc	1882	13,200 00	Cours de technologie et d'art appliqués à la menuiserie, à la sculpture et à la peinture	7 ans	548
9	Id. brasserie	1887	22,952 00	Théorie et pratique de la brasserie	2 —	61
10	Liège tailleurs	1888	3,790 00	Confections	3 —	15
11	Louvain menuiserie	1876	5,791 00	Menuiserie	2 —	61
12	Saint-Nicolas tissage	1887	5,320 00	Tissage	2 —	33
13	Tournai (Saint-Luc)	1878	5,152 00	Ornements, architecture, sculpture sur pierre et sur bois	—	130
	TOTAUX		168,912 96			2,050

Un cours d'économie industrielle a été rendu obligatoire dans toutes les écoles industrielles du pays, par circulaire en date du 21 décembre 1872, adressée par M. le ministre de l'intérieur aux gouverneurs de provinces.